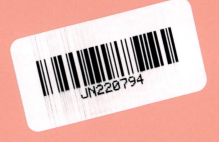

# コグトレ

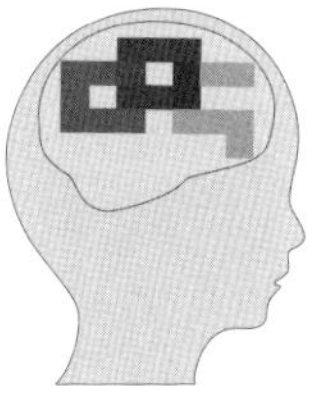

## みる・きく・想像するための
## 認知機能強化トレーニング

児童精神科医・医学博士　宮口幸治

三輪書店

# はじめに

子どもたちの支援には社会面，学習面，身体面といった角度からのアプローチがあります．社会面では対人スキルや感情統制力，問題解決力の向上等，学習面では認知機能の強化，身体面では身体的不器用さの改善等が目標となるでしょう．認知機能の強化が学習面で必要と考えるのは，認知機能そのものが学習の土台となっているからです．認知機能には記憶，言語理解，注意，知覚，推論・判断といった要素が含まれていますが，これらのうち一つでも欠ければ学習はいうまでもなく日常生活さえ満足に送れないでしょう．

私がコグトレの必要性を感じたのは少年院に在院する非行少年たちの中に，簡単な図形さえ正確に模写できない，短い文章を復唱できない少年たちが少なからずいたからでした．彼らは，みる力，きく力，みえないものを想像する力といった認知機能が弱く，勉強や運動，日常生活において相当な苦労を強いられ，学校で挫折を味わい続けてきたであろうことが容易に想像されました．それらが彼らの非行の一因になっているケースもありました．そこで，非行の反省もさることながら，彼らの認知機能の弱さを何とかしてあげなければと思い，約５年の歳月をかけコグトレを開発してきました．

コグトレは，それぞれの認知機能の要素が強化できるよう対応した，紙と鉛筆を使ってできるトレーニングです．第１章では今現在も学校現場にもいるであろう認知機能の弱い子どもたちの状況と，コグトレの開発背景と理論・構成について，第２章では課題シートを使ったコグトレの具体的な使用方法について説明しています．第３章ではコグトレの効果的な進め方について，第４章では学校現場やご家庭において認知機能の弱い子どもを見つけるスクリーニング検査や専門機関で行う専門的検査について，第５章では某少年院で行ったコグトレの効果についてご紹介します．なぜコグトレが必要なのかは第１章を，どのような子どもにコグトレが必要であるかは第４章を，コグトレの具体的な進め方は第２，３章をご参照ください．

なおコグトレは主に認知機能に弱さがみられるお子さんを対象につくってありますが，幼児の早期教育，小・中・高校生への学習補助，高齢者の認知症予防，統合失調症や高次脳機能障害の認知機能リハビリテーション等にも幅広く利用可能です．やる気はあっても認知機能の弱さから伸び悩んでいる子どもたちにとって，コグトレが勉強好きになるきっかけの一つになればと，心から願ってやみません．

児童精神科医・医学博士　宮口幸治

# 目次

# 第1章

# コグトレの開発背景と理論・構成

## 1 コグトレの開発背景

コグトレ（Neuro-Cognitive Enhancement Training：N-COGET）は，認知機能の強化を目的としたトレーニングです．認知機能とは，記憶，言語理解，注意，知覚，推論・判断といったいくつかの要素が含まれた知的機能を指します．わかりやすくいえば，五感（匂う，みる，きく，触れる，味わう）を通して外部環境から情報を得て整理し，それを基に計画を立て実行し，さまざまな結果をつくり出していく過程で必要な能力であり，人がよりよく生きるための機能であるといえます（図 1）[1)].

つまり認知機能は，受動・能動を問わず，すべての行動の基盤でもあり，教育・支援を受ける土台でもあるのです．しかし，もし五感から入った情報を処理する時点で間違えてしまったらどうなるでしょうか？　その間違った情報を基に一生懸命行動しても結果はゆがんでしまいます．そういった子どもたち，少年たちを私は大勢みてきました．

図 2 をみてください．ある中学生の非行少年が，左の見本をみながら描いた立体図ですが，彼は「難しい」と言いながら描くのに四苦八苦していました．この様子をみたときに私は，彼に今必要なのは，非行の反省もさることながら，このような立体図がしっかり描けるような力をつけてあげることではないかと感じました．これはみる力の問題ですが，他にも調べてみますと，簡単な文章もきき取れず復唱できない等，きく力がとても弱い少年も大勢いることがわかりました．

そして，こうした，みたりきいたりする力の弱さから学校の勉強についていけず，みんなから馬鹿にされ，学校が面白くないので怠学したり不良仲間とつるんだりして，非行へと足を踏み入れている少年たちが多くいたのです．馬鹿にされてきた怒りや自信のなさが不適切な行動や非行にもつながっていたのでした．ちょうど図 3[1)]のようなケースです．

より詳しく調べていくと，みる力やきく力の弱さは，勉強ができないばかりではなく，以下のようなことにもつながっていました．

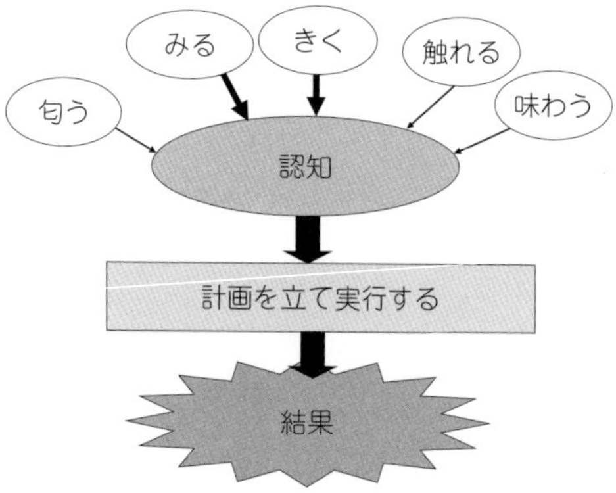


図 1　認知から結果への流れ（通常のケース）

五感のうち現在の教育で使用するのは，ほとんどが「みる」と「きく」ですので矢印を太くしてあります

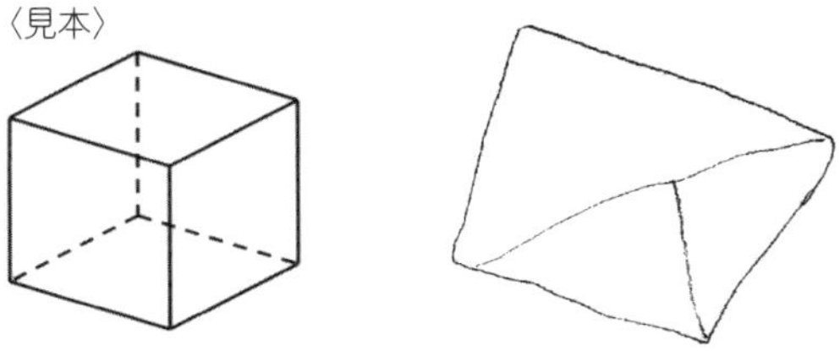


図２　立体図模写課題

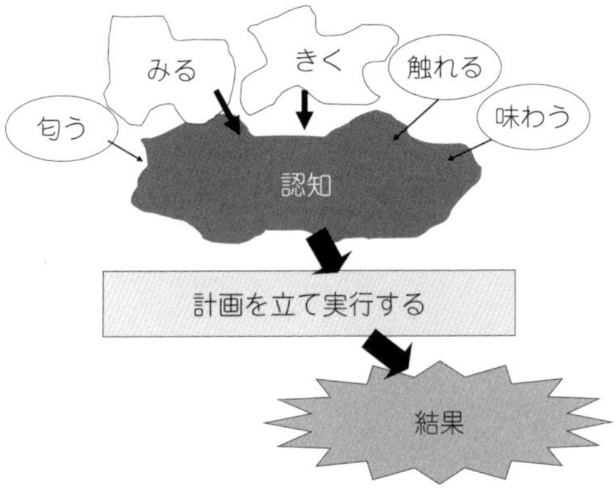


図３　認知から結果への流れ（認知機能がうまく働いていないケース）

・相手にその意図がないのに，「あいつが睨んできた」，「僕の顔をみて笑った」，「きっと僕のことを馬鹿にしている」と怒りをためる
・場の空気が読めないので，「みんなが僕を避けている」，「僕だけ差別されている」と勘違いし怒りをためる
・みる力が必要となるさまざまな活動・作業がうまくいかず，「馬鹿にされる」と自信をなくす
・先生が何を言っているのかきき取れていないのに，それを気づかれるのが嫌で何でも「はい」と言ってしまい，後になって，先生やみんなから「あいつはふざけている」，「不真面目だ」，「嘘つきだ」と思われてしまう
・友人は悪口を言っていないのにきき間違え，「僕の悪口を言った」と勘違いして怒りをためる

最初の認知の段階で間違った入力が行われることで，人間関係もうまくいかなくなっていたのです．ですが逆にいうと，認知機能が高まれば，彼らも生活しやすくなる可能性があります．

また，みたりきいたりする力の弱さは，非行少年たちばかりではなく，わが子の学業不振を心配した親が教育相談に連れてくる小学生の子どもたちの中にも高頻度でみられました．それは，計算はできるのにうまく図を写せない，先生の話していることをきき取れな

図4　教育現場で認知機能の弱さが問題になるケース

い等で授業についていけない子どもたちでした.

たとえば，学校の授業で先生が「今から黒板に算数の問題を5題書きますから，それをノートに写して解いてください. まず1番と2番ができた人から先生のところにノートを見せにきてください」といった問題を出したとします. これができるためには，まず先生が言った長い指示がきき取れること，黒板に書かれた問題を正確に写せることが必要になります. 問題を解くのはそれをクリアしてからなのです（図4）.

次から次へと流れる先生の話をきき取っては覚え，または覚えながら次の話をきき取るには「聴覚（言語性）ワーキングメモリ」が必要ですし，黒板を写す際には，書かれたものを覚える「視覚性の記憶」，黒板をみる角度とノートをみる角度（視点）が異なっても同じものだといった「形の恒常性」の力，前はどこまで写したか，次はどこから写せばいいか等の「視空間ワーキングメモリ」も必要になってきます. ワーキングメモリ（working memory：作業記憶，作動記憶）とは，情報を一時的に記憶保持する脳の機能のことで，言わば「心のメモ帳」のようなものです. このワーキングメモリが弱いと，うっかりミスが多かったり，集中力が持続しなかったりするのです. 形の恒常性とは，ある対象とする形（たとえば三角形）をさまざまな方向からみても同じ形（三角形）だと知覚できることです.

これまで私は教育相談の場では，知能検査等を行って子どもの，みたりきいたりする認知機能の弱いところがわかれば，それが学業不振につながっているといった可能性を保護者の方に説明してきました. すると保護者の方は，「そうだったのですね. 本人が怠けていたのではなかったのですね」と言われます. 時には涙を流される方もおられます. しかし必ずその後に「ではこれからどうしたらいいのですか？」ときかれます.

そのたびにいつも「みたりきいたりするトレーニングができればいいのですが，これ一つで簡単にできるといったものがありません」といった返答しかできず，とても歯がゆい思いをしてきました. 現在，書店でもみる力，きく力をつけるといった書籍がいくつか販売されていますが，断片的であったり，効果検証がなされていないものがほとんどです.

またパソコンを用いた学習ソフトやインターネットサイトもありますが，とても高価です．一部の学習塾でそういったトレーニングを提供しているところもありますが，場所が限られていますし，費用も相当かかりますので，残念ながら誰でもトレーニングを受けることができる環境にはありません．

そこで誰でも比較的手軽にどこでもできるトレーニングが必要だとの思いから，これまで私が医療少年院で約5年間にわたり実施し，効果が実証された認知機能強化トレーニングを，社会の子どもたちにもぜひ提供したいと考え，本書を作成しました．コグトレは，医療少年院で実施されてきた認知機能強化トレーニングをベースに，1冊ですべてのトレーニングができるよう新しくつくり直したものです．約800題から成る課題は，利便性を考慮し，付録のCDに課題シート，解答記入シート，一部の解答がPDFデータとして入っていますが，一度印刷すれば後は紙と鉛筆だけでできるものばかりです．またすべて順に行う必要はなく，特に苦手とされる箇所だけを印刷して使うといった方法も可能です．

●文献

1）宮口幸治：認知機能の弱さとトレーニング．OTジャーナル　**47**：909-915，2013

## 2 コグトレの理論的背景と構成

コグトレの原型は神経心理学的リハビリテーションです．現在，神経心理学的リハビリテーションの対象疾患は，統合失調症，認知症，高次脳機能障害，発達障害が挙げられます．損なわれた機能を回復する（rehabilitation）のか，発達途上にある認知機能を強化する（enhancement）のかの違いがあり，前者は広く認知リハビリテーションと呼ばれてきました．認知リハビリテーションは，もともと欧米のリハビリテーション医学分野における頭部外傷等の高次脳機能障害への介入研究が基盤となっていて，多くの研究は1970年代から始まったものとされています．後者は，児童における注意欠如・多動症（attention-deficit/hyperactivity disorder：ADHD）や学習症（learning disorder：LD）等の発達障害や知的障害等を対象とした認知トレーニングを指します．

児童への認知トレーニングの思想的な源流は，Vygotsky[1)]の「発達の最近接領域」の概念から始まりました．1950年代にはイスラエル人のFeuerstein[2)]によって紙と鉛筆を使ったトレーニングが試みられ，1980年には認知構造変容理論から成る認知教育強化教材（instrumental enrichment：IE）が発表されました．その後，1980年代後半からドイツを中心としてさまざまな認知強化プログラムが発達してきました．2000年に入ってからADHD児へのワーキングメモリをターゲットとしたコンピュータトレーニングが注目を浴びてから，現在は主にパソコンを使用したゲーム形式のソフトとしてインターネット上で運用されるようになりました．インターネットを介していることから双方向のやり取りが可能です．しかしこれらのトレーニングは，キーボードやマウスといった入力端末やタブレットを使用したものが主で，紙と鉛筆を使って，手を動かすものではありません．聴覚（言語性）ワーキングメモリのトレーニングも行えるようですが，実際に文章を読んできき取らせるようなトレーニングには対応していないようです．

コグトレは，「**覚える**」，「**数える**」，「**写す**」，「**見つける**」，「**想像する**」の合計5つの分野をターゲットとしたトレーニングから成り，本書1冊で基本的な認知機能をトレーニングができるよう構成されています．認知機能の5つの要素（記憶，言語理解，注意，知覚，推論・判断）にしたがって，図5のように対応させています．

それでは，5つの分野のトレーニング構成をご紹介しましょう．

### 覚える

記憶には視覚や聴覚といった感覚器から入った情報を記憶する短期記憶と長期記憶がありますが，ここでは視覚・聴覚性の短期記憶〔視覚性の単純短期記憶，視空間ワーキングメモリ，聴覚（言語性）ワーキングメモリ〕と文章理解のトレーニングを行います．短期記憶は時間とともに消えてしまう一時的な記憶ですが，その中でただ情報を保持するだけの受動的な記憶と，何らかの処理課題を行いながら情報を保持するといった能動的な記憶があります．本書では前者を単純短期記憶，後者をワーキングメモリと分けています．

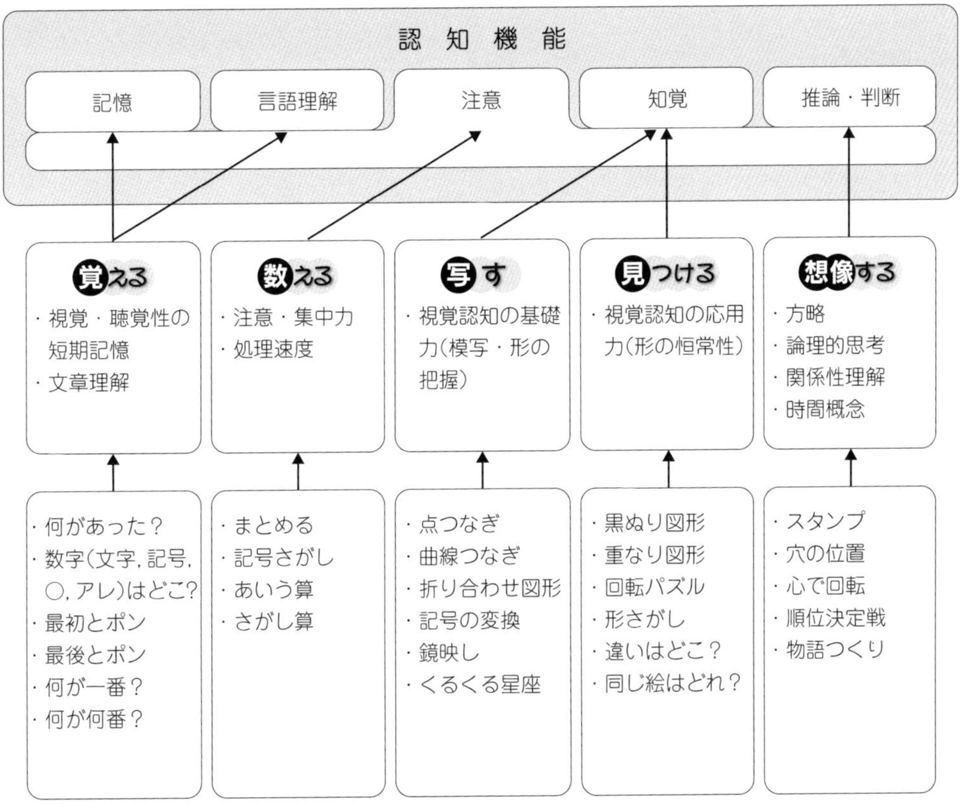


図5　コグトレの構成

5つの分野（覚える，数える，写す，見つける，想像する）は，最下段のトレーニングから構成される．注意機能は他のすべての認知機能の土台ともなっている

コグトレでは「覚える」分野を，①視覚性の短期記憶，②聴覚性の短期記憶と文章理解に分け，前者が7課題，後者が4課題の計11課題から成ります．

## 1　視覚性の短期記憶

### ・図形記憶

#### 1）何があった？

図形を提示し，それを記憶させ白紙等に再現させます．視覚性の単純短期記憶をトレーニングします．提示図形は，①〜③：単一の図形，④，⑤：重なりのない単一図形の組み合わせ，⑥〜⑧：他の図形と辺を共有したり接したりする図形，⑨，⑩：格子模様図形，⑪，⑫：立体図形から成ります．

①〜⑫の順に，簡単な図形から，より認識の難しい図形へと難易度が上がっていきます．特に⑨〜⑪と⑫の一部は，同じ図形が集まり位置関係も問題となるため，全体像を大まかにとらえ，「3つのひし形が…」や「2つの立方体が…」等，言語化し意味づけをして記憶

する必要があります．記憶するための方略も重要となってきます．

**・位置記憶**

4×4のマス目にさまざまな図形や記号，文字・数字が不規則に配置された1〜5枚の課題シートを提示し，出てきた順番に覚えさせ解答記入シートに再現させます．視覚性の単純短期記憶と視空間ワーキングメモリをトレーニングします．

**1）数字はどこ？**

1〜5までの5つの数字を1枚の課題シートに提示しています．

**2）文字はどこ？**

ひらがな5つを1枚の課題シートに提示しています．

**3）数字と文字はどこ？**

合計5つ，数字とひらがなを混ぜて1枚の課題シートに提示しています．

**4）記号はどこ？**

4つのさまざまな記号を1枚の課題シートに提示しています．

**5）○はどこ？**

①：1個の○が描かれた課題シートを3枚提示

②：1個の○が描かれた課題シートを5枚提示

③：2個の○が描かれた課題シートを3枚提示

④：3個の○が描かれた課題シートを3枚提示

**6）アレはどこ？**

①〜③：数字・文字・記号が2〜3個混ざって描かれた課題シートを3枚提示

## 2　聴覚性の短期記憶と文章理解

トレーナー（先生，親など）が文章や単語を読み上げ，一定のルールに沿って再現させます．「最初とポン」と「最後とポン」は聴覚（言語性）ワーキングメモリを，「何が一番？」と「何が何番？」はそれに加え文章理解力をトレーニングします．

**1）最初とポン**

トレーナーは2つ，または3つの文章を読み上げ，それぞれの文章の最初の言葉だけを記憶させ再生させます．ただし，ある決められた単語（動物，果物，色）が出てきた場合には参加者に手を叩かせることで干渉を入れ難易度を高めます．また文章に意味のおかしいものも含ませることでさらに注意をそらせ，干渉を入れています．

**2）最後とポン**

トレーナーは2または3，4組となった複数の単語を読み上げ，それぞれの組の最後の単語だけを記憶させ再生させます．ただし，ある決められた単語（動物，食べ物，色）が出てきた場合には参加者に手を叩かせることで干渉を入れ難易度を高めます．

**3）何が一番？**

トレーナーが文章を読み上げ，何が一番かを答えさせます．

①：3〜4つ程度のものを比較

②：3～4 つの比較対象の説明を増やすことで情報を複雑化

**4）何が何番？**

トレーナーが文章を読み上げ，さまざまな問いに答えさせます．

①：3～4 つ程度の比較（主に左右や距離等，方向性の問題）

②：3～4 つ程度の比較に，計算が必要な問題を加え干渉を入れる

## 数える

記号等の数を素早く数えたり，計算をすることで，注意力，集中力，処理速度の向上を目的としたトレーニングを行います．

**1）まとめる**

☆の数を素早く数えるために 5 個または 6 個にまとめる練習をします．

**2）記号さがし**

特定の記号や数字をできるだけ早く探して，その数を数えます．処理速度の向上に加え，あるルールのもとでは数えてはいけないといった注意の転換もトレーニングします．

①：ルールはなく，△の数を数えます．処理速度の向上を目指します．

②：△の数を数えますが，左に○がある場合は除きます．数えた数を覚えておきながら素早く，かつルールに従いながら数える必要がありますので，処理速度，ワーキングメモリ，注意の転換の 3 つを同時にトレーニングします．

③：リンゴの数を数えますが，左に決められた記号があった場合は除きます．

④：黒字，白字で書かれた 1～9 までの数字を，ある数字より「大きい」か「小さい」か，「黒字」か「白字」か，の 2 つのルールを組み合わせ，黒い数字と白い数字の数を数えます．注意の転換をトレーニングします．

**3）あいう算**

計算した答えを覚え，ひらがなに置き換え，できるだけ早く解答欄にそのひらがなを書きます．計算スピード以外にも短期記憶も必要です．

**4）さがし算**

枠の中の数字から，足すとある数字になる組み合わせをできるだけ早く探します．ただし 1 組ではなく何組かある場合もあり，それらの組み合わせを探しながら計算していく必要があります．スピード以外に素早く探すための方略も必要になってきます．

## 写す

視覚認知の基礎力をトレーニングします．提示された図形の模写を中心に形の把握を主にトレーニングします．

**1）点つなぎ**

見本のように，点を結んで同じ絵を再現してもらいます．①は正方形（1～10：低密度，

11～20：高密度）で上から下に写しますが，②，③は横長の長方形（②1～10：低密度，11～20：高密度，③1～10：低密度，11～20：高密度）です．右上の見本を左下へ，左上の見本を右下へ，交差して模写する課題を含んでいます．課題シートを身体の正面になるように置くことで，視覚の注意が身体の中心線を越えて右から左，左から右に模写するトレーニングを行います．①から③に進むほど難易度が上がります．

**2）曲線つなぎ**

見本の曲線でできたイラストを模写することで，曲線の模写をトレーニングします．

**3）折り合わせ図形**

課題シートを真ん中の線に沿って折り返した場合に，上段のマス目にある記号が下段のマス目の同じ位置にくるように記号を写します．

**4）記号の変換**

上段のマス目にある記号を，矢印の中にあるルールに従って変換して，下段のマス目の同じ位置に写します．

**5）鏡映し**

提示図形を，鏡に映った場合と水面に映った場合にどうみえるか，頭の中で変換して模写します．鏡像は右利きであれば左の，左利きであれば右の見本が手で隠れるため，元の図を記憶しながら描くことを想定しています．

**6）くるくる星座**

上段の円の星座を，下段の円にある星を線で結ぶことで模写します．点つなぎと似ていますが，点は格子状でなく不規則に配置されています．さらに上下の円の中の星座の位置関係は変わりませんが，課題が進むにつれて下段の円が左右どちらかに少しずつ回転しています．上下の星座の相対的位置関係を理解・記憶する必要があります．

## 見つける

形の恒常性トレーニングと，複数の視覚情報の中から共通点・相違点を見つけるトレーニングを行います．視覚認知の応用です．

**1）黒ぬり図形**

白い図形と黒く塗られた図形の中から同じ輪郭のものを探します．

**2）重なり図形**

複数の図形が重なりあって１つの図を形成しているものを提示し，いくつか示すパーツの中から使われていない図形を探します．

**3）回転パズル**

ある図形をつくるのにどの２つの図形を組み合わせればいいかを選びます．選ぶ図形は心の中で回転させる必要があります．

**4）形さがし**

不規則に並んだ点群の中から提示された形を構成する配列を探して線で結びます．

### 5）違いはどこ？

左右に並んだ２枚の絵の相違点を探します．

### 6）同じ絵はどれ？

8～12点の絵の中からまったく同じ絵を２点探します．複数の複雑な視覚情報がありますので，共通点・相違点を総合的に判断する必要があります．

## 想像する

提示された視覚情報から結果を想像します．関係性の理解，論理的思考，時間概念をトレーニングします．また，どうすればうまくできるかといった方略も必要となりますので，実行機能のトレーニングにもなります．実行機能とは，ある課題に対して計画を立て実行し，得られた結果を見ながら計画を修正し，課題をうまく遂行していく機能です．

### 1）スタンプ

提示されたスタンプを紙に押したとき，どんな模様になるかを想像します．スタンプの印面は元図の鏡像になるので心の中で反転させる必要があります．

### 2）穴の位置

心の中で，折り紙を半分に折っていき穴を開けたとき，折り紙を開いたらどこに穴があるかを想像します．

### 3）心で回転

手前にいるあなたからみた図形が，正面・右・左の動物からはどうみえるかを想像します．心の中でイメージを回転させる力が必要となります．

### 4）順位決定戦

表彰台の結果をヒントに全体の順位を想像します．それぞれの関係性の理解が必要となります．

### 5）物語つくり

バラバラに置かれたイラストを，ストーリーを想像して正しい順番に並び変えます．時間概念や論理的思考が必要となります．

●文献

1）Vygotsky LS（著），柴田義松（訳）：思考と言語．明治図書出版，1962
2）Feuerstein R：Instrumental Enrichment：An Intervention Program for Cognitive Modifiability. University Park Press, 1980

# 第2章

# コグトレの使い方

覚える

数える

写す

見つける

想像する

### いつ，どこで，だれに行う？

コグトレは簡単かつ手軽に認知機能を高められるトレーニングツールです．元来コグトレは，みたりきいたりする課題を行うことが苦手な子どもを主な対象につくられました．そのような子どもたちは，学習へのやる気が乏しく，動機づけが難しい場合もあります．ですから，コグトレを行うにあたっては，できるかぎり楽しめるよう子どものできる範囲で行い，解答に完璧さを求めるよりも課題に取り組んだことをほめてあげましょう．

またコグトレは，ひらがなの読み書きができる年齢以上を対象につくられていますが，点つなぎ等，課題によっては3歳くらいから取り組めますので，幼児期の早期教育教材としても使用可能です．もちろん子どもに限らず，ご高齢の方の認知機能をトレーニングする目的にも，十分使うことができます．

学校では教員・教諭，福祉施設や医療機関では心理士や作業療法士の先生方，ご家庭では保護者の方などが一緒に取り組んでいただければ，さまざまな場面で使用することができます．コグトレの進め方は第3章にありますが，グループ（Gセッション）でも個別（Iセッション）でも取り組めます．グループでは他の参加者の課題に対する方略を学べる等のメリットがあります．グループで行う場合にはトレーナーが参加者と一緒にその場で答え合わせをし，個別で行う場合にはトレーナーが後で採点します．参加者の認知機能の評価方法は第4章にあります．

次に具体的な使い方をご説明しましょう．

## 覚える

### 1　視覚性の短期記憶

**・図形記憶**

#### 1）何があった？

<ねらい>

さまざまな図形をみて記憶することで視覚性の単純短期記憶をトレーニングし，ものをみて覚える力を向上させます．黒板の文字や図形等をノートに写すといった作業では，まず対象の形をしっかりととらえて覚えることが必要です．形をとらえる工夫や覚える工夫をここで身につけます．

<用意するもの>（☆はCDにデータがあります）

☆何があった？①～⑫課題シート（各5枚1セット．計60枚）

・無地のノートやB5，A4サイズの白紙等

<進め方>

トレーナーは課題シート（図1）を参加者に10秒間提示します．参加者は課題シートに描かれた図形を記憶して，白紙等に描き写します．5枚1セットの課題シートが12回分あります．

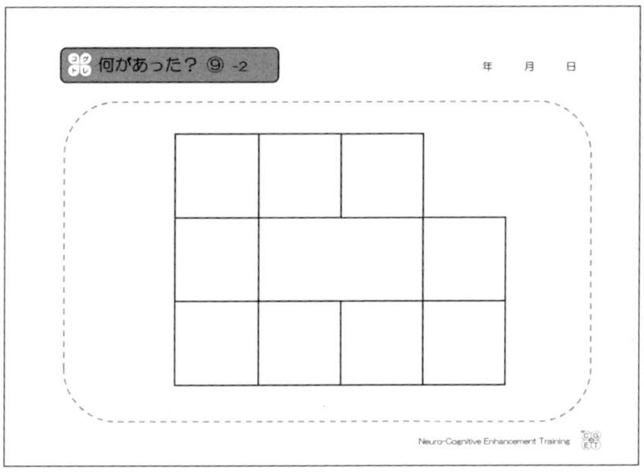


図1 「何があった？」課題シートの例

＜指導のポイント＞

・①～⑫の順に難易度が上がります．参加者の能力に合わせて出題しましょう．
・①～⑧までは 1 枚の用紙に 2 つの図形がありますので，難しければ，どちらかを覚えてもらうか，または時間を延長しましょう（スピードより正確性を優先します）．
・⑨以降は各図形の位置関係を理解する必要がありますので，難しければ，どのような位置関係にあるか言語化させて覚えてもらいましょう．たとえば，「何があった？⑨-2」（図 1）ですと「縦 3 マス，横 4 マスの正方形が長方形に集まっていて，中央の 2 つと右上がない」等です．グループで行う場合，2 人 1 組となり，相手に言葉だけで図形を伝える練習をしてみると効果的です．
・答え合わせは，覚えて描いたものと課題シートとして提示したものを比べ，間違っていたら正しく描き直してもらいましょう．正解の範囲は参加者の認知のレベルに合わせますが，まず課題シートをみながら正確に描けるかどうかみてみましょう．みながらでも正確に描けない場合は，厳密に正解を求める必要はありませんし，また参加者の困難さが続けばそれ以降の課題は行う必要はありません．
・記憶することが難しい場合は，課題シートをみながら模写だけ行いましょう．その場合でも模写ができない課題があれば，それ以降の課題を無理に行う必要はありません．
・図形を描くにあたっては，できるだけ定規は使用しないようにします．直線が多少曲がっていたり，線の端が多少離れていても，形や位置関係をとらえられていれば正解としましょう．

**・位置記憶**

トレーニングメニューの構成上，位置記憶は「数字はどこ？」，「文字はどこ？」，「数字と文字はどこ？」，「記号はどこ？」の使い方をまとめてご説明し，次に「○はどこ？」，「アレはどこ？」の順に進めていきます．

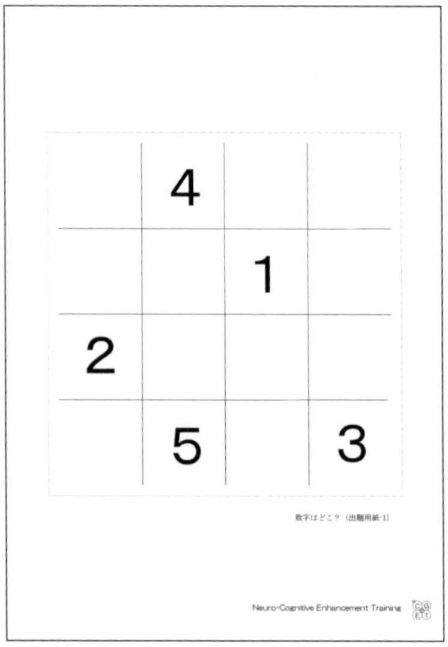


図２「数字はどこ？」課題シートの例

**1）数字はどこ？**
**2）文字はどこ？**
**3）数字と文字はどこ？**
**4）記号はどこ？**

＜ねらい＞

１枚の課題シートにある数字や文字，記号の位置をみて記憶することで視覚性の単純短期記憶と視空間ワーキングメモリをトレーニングします．黒板に書かれた多くの文字をノートに写すといった作業では，次にどこから写せばいいかがわかるためには，直前にどこまで写したかを順に覚えていく必要があります．これらのトレーニングでそういった場面で困ることが少なくなるでしょう．

＜用意するもの＞（☆は CD にデータがあります）

☆数字はどこ？-1～20 の課題シートと解答記入シート
☆文字はどこ？-1～20 の課題シートと解答記入シート
☆数字と文字はどこ？-1～20 の課題シートと解答記入シート
☆記号はどこ？-1～20 の課題シートと解答記入シート

＜進め方＞

トレーナーは課題シート（図２）を 10 秒間提示し，参加者は解答記入シートのマス目にどこに数字や文字，記号があったかを描きます．20 枚ずつある各課題を１回につき５題行います（各４回計 16 回分）．

「記号はどこ」の記号は，注意を喚起するために赤色を用いていますが，白黒で印刷していただいても構いません．また，同じく，みやすくするため色を塗りつぶしてある形もありますが（たとえば●，▲等），実際には中を塗りつぶさなくても形が正確にとらえられていれば正解（たとえば●を○，▲を△等）とします．

＜指導のポイント＞

・数字→文字→数字と文字→記号の順で難しくなります．難しければ時間を延長しましょう．

・うまく覚えるための工夫を考えましょう．たとえば数字や文字であれば語呂合わせで聴覚的に記憶し，位置は指を使ってその順番を何度も目の前でなぞってみる，また記号であれば記号を，「三角」，「丸」等と一度言語化し同様に指を使用する等です．グループで行う場合は，うまくいった参加者にどのような工夫をしたかきいてみてください．



### 5）○はどこ？

＜ねらい＞

複数枚出てくる課題シートの○をみて順番にその位置を記憶することで，視覚性の単純短期記憶と視空間ワーキングメモリをトレーニングします．視空間ワーキングメモリの向上は論理性の向上にも関係しています．ここでは黒板を写すことに役立つ以外にも，より多くの課題に取り組むことで，視空間ワーキングメモリを向上させ論理性も向上させます．

＜用意するもの＞（☆は CD にデータがあります）

☆ ○はどこ？①～④課題シート（①と②は共通）

☆ ○はどこ？①～④解答記入シート（1 シート 5 回分，毎回同じ解答記入シートを利用）

＜進め方＞

トレーナーは課題シートを 10 秒ずつ提示して，参加者は出てきた順番に解答記入シートのマス目にどこに○があったかを描きます．以下のように出題します．

○はどこ？①：1 個の○が描かれた課題シートを 3 枚提示

○はどこ？②：1 個の○が描かれた課題シートを 5 枚提示

○はどこ？③：2 個の○が描かれた課題シートを 3 枚提示

○はどこ？④：3 個の○が描かれた課題シートを 3 枚提示

①と②の課題シートは共通です．トレーナーは 16 枚の課題シート（図 3）の中から必要な枚数をランダムに選びます．③，④は 3 枚ずつ提示しますが課題シートを 90 度ずつ回転させて提示することで，パターンを増やすことができます．それぞれ 5 題 1 セットで①，②，③は 2 回ずつ，④は 4 回行ってください（計 10 回）．提示する課題シートの組み合わせや順番を工夫しましょう．なお課題シートは，注意喚起のために赤色を用いていますが，白黒印刷しても構いません．また○の中を塗りつぶしてありますが，実際に解答する際には●でも○でも，どちらでも正解とします．

＜指導のポイント＞

・うまく覚えるための工夫を考えましょう．たとえば○の位置が四隅にあるか，複数の○の位置が三角形等の形をつくっていないか等，できるだけ位置関係を理解して，さらに指を使って何度もリハーサルを行ってみる等です．グループで行う場合は，うまくいった参加者にどのような工夫をしたかきいてみてください．

・④は難易度が高いので，参加者のレベルに合わせて時間を延長しましょう．

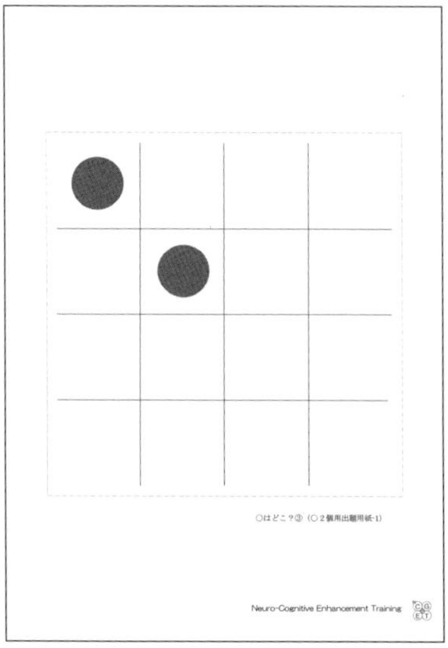


図3 「○はどこ？」課題シートの例

### 6）アレはどこ？

<ねらい>

3枚の課題シートに出てくるさまざまな数字・文字・記号をみて，順番にその位置と内容を記憶することで視覚性の単純短期記憶と視空間ワーキングメモリをトレーニングします．ここも「○はどこ？」と同様に，より難易度の高い課題に取り組むことで論理性の向上に役立てます．

<用意するもの>（☆はCDにデータがあります）

☆アレはどこ？①〜③-1〜30の課題シートと解答記入シート

<進め方>

トレーナーは30枚ある課題シート（図4）のうち3枚を各10秒ずつ提示します．参加者は出てきた順番に解答記入シートのマス目にどこに何があったかを描きます．1回5セットずつ行うと①〜③でそれぞれ2回分あります（計6回分）．ここでも記号は色を塗りつぶしてある形もありますが，実際には中を塗りつぶさなくても形が正確にとらえられていれば正解とします．また，課題シートも，カラー，白黒どちらで印刷しても構いません．

<指導のポイント>

・うまく覚えるための工夫を考えましょう．これは，「数字（文字・記号）はどこ？」に「○はどこ？」が複合したものですので，それぞれで使用した，語呂合わせ，位置の理解，指を使う等の工夫を応用してみましょう．グループで行う場合は，うまくいった参加者にどのような工夫をしたかきいてみてください．

・位置記憶の中では最も難易度が高いので，参加者のレベルに合わせて時間を延長しましょう．

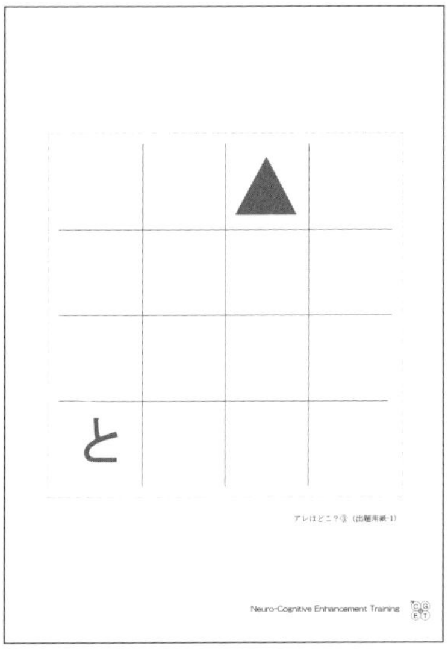


図 4 「アレはどこ？」課題シートの例

## 2 聴覚性の短期記憶と文章理解

### 1）最初とポン

<ねらい>

複数の言葉を順番に覚えることで，聴覚（言語性）ワーキングメモリをトレーニングします．先生から「算数の教科書の 29 ページを開いて 3 番の問題をやりなさい」と言われますと，「算数」，「29 ページ」，「3 番」といった言葉を順に覚えておく必要があります．このトレーニングでそういった場面で困ることが少なくなるでしょう．

<用意するもの>（☆は CD にデータがあります）

☆最初とポン①～③-1～10 の課題シートと解答記入シート

<進め方>

トレーナーは 2 つ（各課題シートの問題 1～5），または 3 つ（各課題シートの問題 6～10）の文章（図 5）を読み上げます．参加者は，それぞれの文章の最初の言葉だけを覚え，解答記入シートに書きます．ただし，ある決められた単語（最初とポン①では動物，②では果物，③では色）が出てきた場合には，参加者は手を叩きます．1 回につき 1 枚実施します（①～③各 10 回計 30 回分）．

なお，最初の言葉については厳密な決まりはなく，長く答える分には内容が一致していれば正解です．たとえば，「問題用紙①-1」の問題 6「冬の間，寒かったのでサルはずっと寝ていました」では答えは「冬」ですが，「冬の間」と答えても正解とします．また，あくまで最初の言葉を覚えることが目的ですので，文章の中で「これは動物（または果物，色）に相当するか？」といったことには厳密にこだわる必要はありません．

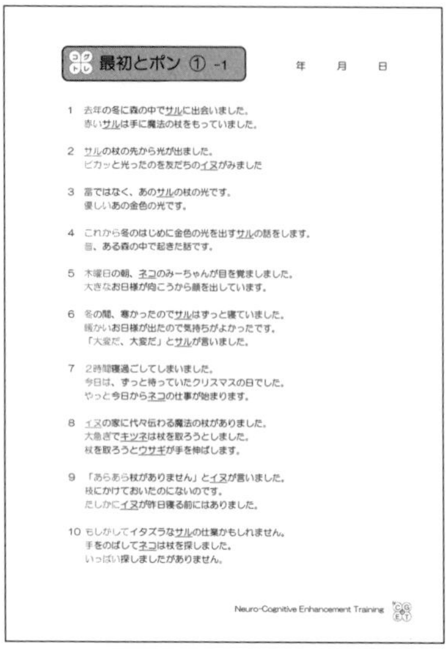

最初とポン ① -1　　年　月　日

1 去年の冬に森の中でサルに出会いました。
赤いサルは手に魔法の杖をもっていました。

2 サルの杖の先から光が出ました。
ピカッと光ったのを友だちのイヌがみました

3 雷ではなく、あのサルの杖の光です。
優しいあの金色の光です。

4 これから冬のはじめに金色の光を出すサルの話をします。
昔、ある森の中で起きた話です。

5 木曜日の朝、ネコのみーちゃんが目を覚ましました。
大きなお日様が向こうから顔を出しています。

6 冬の間、寒かったのでサルはずっと寝ていました。
暖かいお日様が出たので気持ちがよかったです。
「大変だ、大変だ」とサルが言いました。

7 2時間寝過ごしてしまいました。
今日は、ずっと待っていたクリスマスの日でした。
やっと今日からネコの仕事が始まります。

8 イヌの家に代々伝わる魔法の杖がありました。
大急ぎでキツネは杖を取ろうとしました。
杖を取ろうとウサギが手を伸ばします。

9 「あらあら杖がありません」とイヌが言いました。
枝にかけておいたのにないのです。
たしかにイヌが昨日寝る前にはありました。

10 もしかしてイタズラなサルの仕業かもしれません。
手をのばしてネコは杖を探しました。
いっぱい探しましたがありません。

Neuro-Cognitive Enhancement Training

図 5 「最初とポン」課題シートの例

＜指導のポイント＞

・干渉の度合いを高めるために，決められた単語に気がついたらすぐに手を叩いてもらうようにしましょう．グループで行う際には，他の参加者に引きずられないことが大切です．
・手を叩く代わりに目を閉じさせ，手を上げてもらうのもいいでしょう．
・うまく覚えるための工夫を考えましょう．たとえば，言葉を頭の中で映像に結びつけてみる等です．グループで行う場合は，うまくいった参加者にどのような工夫をしたかきいてみてください．

### 2）最後とポン

＜ねらい＞

複数の単語を順番に覚えておくことで聴覚（言語性）ワーキングメモリをトレーニングします．「最初とポン」と同じ効果があります．

＜用意するもの＞（☆は CD にデータがあります）

☆最後とポン①～③-1～10 の課題シートと解答記入シート

＜進め方＞

トレーナーは 2 組（最後とポン①，②各課題シートの問題 1～5），3 組（最後とポン①，②各課題シートの問題 6～10），4 組（最後とポン③）となった複数の単語（図 6）を読み上げます．参加者は，それぞれの組の最後の単語だけを覚え，解答記入シートに順番に書きます．ただし，ある単語（最後とポン①では動物，②では食べ物，③では色）が出てきた場合には，参加者は手を叩きます．1 回につき 1 枚実施します（①～③各 10 回計 30 回分）．なお，あくまで最後の単語を覚えることが目的ですので，単語の中で「これは

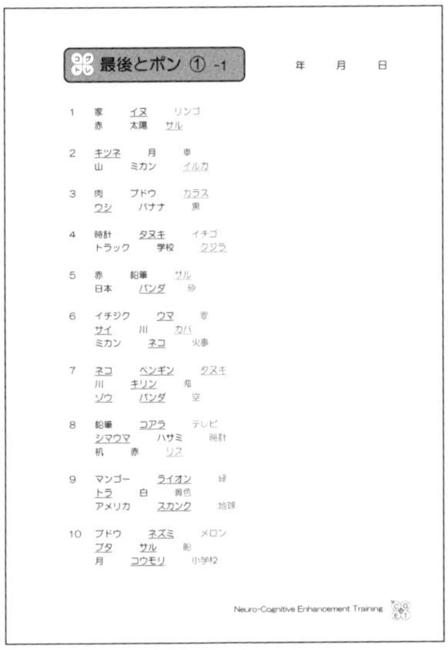
最後とポン ① -1　年　月　日

1 家 イヌ リンゴ
赤 太陽 サル

2 キツネ 月 車
山 ミカン イルカ

3 肉 ブドウ カラス
ウシ バナナ 栗

4 時計 タヌキ イチゴ
トラック 学校 クジラ

5 赤 鉛筆 サル
日本 パンダ 砂

6 イチジク ウマ 春
サイ 川 カバ
ミカン ネコ 火事

7 ネコ ペンギン タヌキ
川 キリン 扇
ゾウ パンダ 空

8 鉛筆 コアラ テレビ
シマウマ ハサミ 時計
机 赤 リス

9 マンゴー ライオン 緑
トラ 白 黄色
アメリカ スカンク 地球

10 ブドウ ネズミ メロン
ブタ サル 船
月 コウモリ 小学校

Neuro-Cognitive Enhancement Training

図 6 「最後とポン」課題シートの例

動物（または食べ物，色）に相当するか？」といったことには厳密にこだわる必要はありません．

<指導のポイント>

・干渉の度合いを高めるために，決められた単語に気がついたらすぐに手を叩いてもらうようにしましょう．グループで行う際には，他の参加者に引きずられないことが大切です．

・手を叩く代わりに目を閉じさせ，手を上げてもらうのもいいでしょう．

・うまく覚えるための工夫を考えましょう．たとえば，言葉を頭の中で映像に結びつけてみる等です．グループで行う場合は，うまくいった参加者にどのような工夫をしたかきいてみてください．

### 3）何が一番？

<ねらい>

文章を理解して覚え，問いに答えることで，文章理解力と聴覚（言語性）ワーキングメモリをトレーニングします．「最初とポン」では同時に読み上げる文章の内容を理解する必要はありませんでしたが，ここでは文章を完全に理解して覚える必要がありますので，人の話を聞き指示が理解できる力が養えます．

<用意するもの>（☆は CD にデータがあります）

☆何が一番？①，②-1～4 の課題シートと解答記入シート

<進め方>

トレーナーが文章（図 7）を読み上げ，参加者は何が一番かを解答記入シートに書きます．1 回につき 3 題実施します（①，②各 8 回計 16 回分）．

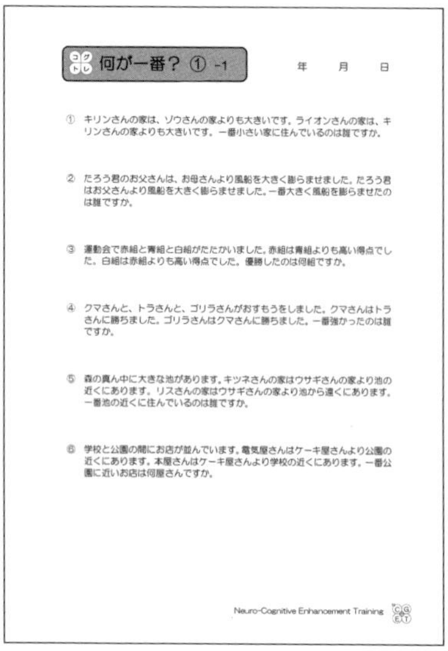

何が一番？ ① -1　　　年　　月　　日

① キリンさんの家は、ゾウさんの家よりも大きいです。ライオンさんの家は、キリンさんの家よりも大きいです。一番小さい家に住んでいるのは誰ですか。

② たろう君のお父さんは、お母さんより風船を大きく膨らませました。たろう君はお父さんより風船を大きく膨らませました。一番大きく風船を膨らませたのは誰ですか。

③ 運動会で赤組と青組と白組がたたかいました。赤組は青組よりも高い得点でした。白組は赤組よりも高い得点でした。優勝したのは何組ですか。

④ クマさんと、トラさんと、ゴリラさんがおすもうをしました。クマさんはトラさんに勝ちました。ゴリラさんはクマさんに勝ちました。一番強かったのは誰ですか。

⑤ 森の真ん中に大きな池があります。キツネさんの家はウサギさんの家より池の近くにあります。リスさんの家はウサギさんの家より池から遠くにあります。一番池の近くに住んでいるのは誰ですか。

⑥ 学校と公園の間にお店が並んでいます。電気屋さんはケーキ屋さんより公園の近くにあります。本屋さんはケーキ屋さんより学校の近くにあります。一番公園に近いお店は何屋さんですか。

Neuro-Cognitive Enhancement Training

図7 「何が一番？」課題シートの例

＜指導のポイント＞

・参加者のレベルに応じて何度か読んであげましょう．最初は答えがわかるまで何回も読んであげてもいいでしょう．

・答えを提示しても理解できない場合，黒板等に関係性を図示して視覚化することで理解してもらいましょう．

・参加者のレベルによっては，問題をききながら自らメモを取らせてもいいでしょう．

### 4）何が何番？

＜ねらい＞

文章を理解し覚え，問いに答えることで，文章理解力と聴覚（言語性）ワーキングメモリをトレーニングします．「何が一番」に比べ難易度が増します．このトレーニングにより，より人の話を理解する力を養えるでしょう．

＜用意するもの＞（☆は CD にデータがあります）

☆何が何番？①，②-1～4 の課題シートと解答記入シート

＜進め方＞

トレーナーが文章（図 8）を読み上げ，参加者は問いの答えを解答記入シートに書きます．1 回につき 3 題実施します（①，②各 8 回計 16 回分）．

＜指導のポイント＞

・「何が一番？」に比べ難易度が高いので，参加者のレベルに応じて読むスピードや回数を調整しましょう．

・答えを提示しても理解できない場合，黒板等に関係性を図示して視覚化することで理解してもらいましょう．

・参加者のレベルによっては，問題をききながら自らメモを取らせてもいいでしょう．

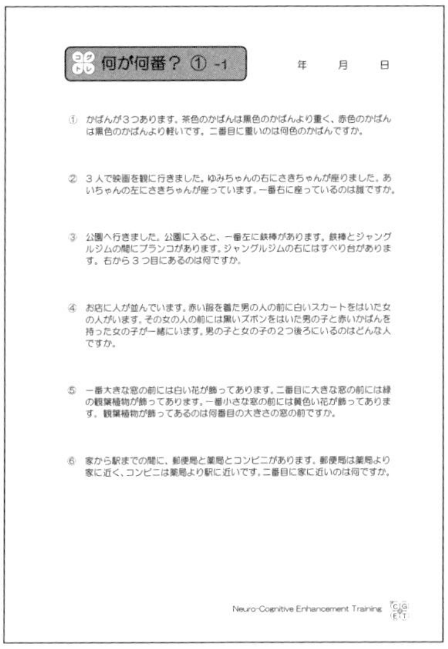

何が何番？ ① -1　　年　月　日

① かばんが３つあります。茶色のかばんは黒色のかばんより重く、赤色のかばんは黒色のかばんより軽いです。二番目に重いのは何色のかばんですか。

② ３人で映画を観に行きました。ゆみちゃんの右にさきちゃんが座りました。あいちゃんの左にさきちゃんが座っています。一番右に座っているのは誰ですか。

③ 公園へ行きました。公園に入ると、一番左に鉄棒があります。鉄棒とジャングルジムの間にブランコがあります。ジャングルジムの右にはすべり台があります。右から３つ目にあるのは何ですか。

④ お店に人が並んでいます。赤い服を着た男の人の前に白いスカートをはいた女の人がいます。その女の人の前には黒いズボンをはいた男の子と赤いかばんを持った女の子が一緒にいます。男の子と女の子の２つ後ろにいるのはどんな人ですか。

⑤ 一番大きな窓の前には白い花が飾ってあります。二番目に大きな窓の前には緑の観葉植物が飾ってあります。一番小さな窓の前には黄色い花が飾ってあります。観葉植物が飾ってあるのは何番目の大きさの窓の前ですか。

⑥ 家から駅までの間に、郵便局と薬局とコンビニがあります。郵便局は薬局より家に近く、コンビニは薬局より駅に近いです。二番目に家に近いのは何ですか。

Neuro-Cognitive Enhancement Training

図８ 「何が何番？」課題シートの例

## 数える

### 1）まとめる

＜ねらい＞

記号をまとめて素早く数えることで，注意力と処理速度の向上を目指します．処理速度とは物事を正確に素早く取りさばく速度です．学校でのテスト等，さまざまな場面で時間制限があります．日常生活においても素早く適切な判断をすることが求められる場面もあります．そのような場面でこのトレーニングが役に立つでしょう．

＜用意するもの＞（☆は CD にデータがあります）

☆まとめる-1～10 課題シート（図 9）

・ストップウォッチ

＜進め方＞

☆を 5 個（まとめる-1～5），または 6 個（まとめる-6～10）ずつ○で囲み，○の数と☆の数を数え，（　　　）に書きます．2 回目以降は自己ベストを少しでも超えるように目標時間を立ててもらい，努力をうながします．終わったら手を上げてもらい，かかった時間を伝え，シートに記録させましょう．そして目標時間とどのくらいの差があったか確認してもらいます．目標時間の上限は 5 分です．1 回 1 シート実施します（10 回分）．

＜指導のポイント＞

・どのシートも難易度はほぼ同じです．少しでも短い時間でできることも大切ですが，ここでは目標タイムに近づけることを一番の目標とします．

図９「まとめる」課題シートの例

・５分でできない場合でも，前回と比べ◯をつける数が増えていないか確認してあげましょう．

### 2）記号さがし

＜ねらい＞

あるルールのもとで記号の数をできるだけ早く数えることで注意力と処理速度の向上を目指します．ここではより注意して素早く処理する練習をします．たとえば，学校のテスト等で「正しくないものに◯をしなさい」といった設問がありますが，正しいものに◯をしてしまう等の不注意をこのトレーニングで減らせるでしょう．

＜用意するもの＞（☆は CD にデータがあります）

☆記号さがし①～④-1～10 課題シート（図 10）

・ストップウォッチ

＜進め方＞

記号さがし①：できるだけ早く△の数を数えながら，△をチェックし（✓），△の数を下の（　　）に書いて終了です．目標時間を立て，目標時間に近づくよう頑張ってもらいましょう．時間の上限は５分です．

記号さがし②：記号さがし①と同様に，できるだけ早く△の数を数えながらチェックしますが，△の左に◯がある場合は数えずチェックもしません．△の数を下の（　　）に書いて終了です．時間の上限は５分です．

記号さがし③：記号さがし②の△の代わりにリンゴだけをできるだけ早く数えながらチェックしますが，リンゴの左に事前に決められた３つの記号がある場合は数えず，チェックもしません．リンゴの数を下の（　　）に書いて終了です．時間の上限は５分です．

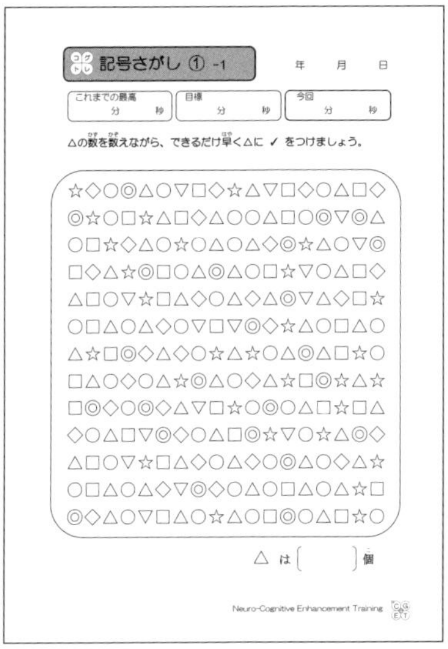

図 10 「記号さがし」課題シートの例

記号さがし④：問題文に指示されたルールに従って，黒い数字と白い数字の数を数え，下の（　　）に書いて終了です．ルールは 10 枚のシートで交互に変わりますが，探す数の種類の合計はすべて 8 種類ずつなので難易度はほぼ同じです．目標時間を立て，目標時間に近づくよう頑張ってもらいましょう．時間の上限は 5 分です．

1 回 1 シート実施します（①～④各 10 回計 40 回分）．

<指導のポイント>

・記号さがし①～③では△やリンゴにチェックした後に数を数えるのではなく，チェックしながら同時に数を数えさせましょう．

・記号さがし④では，先に黒い数字だけ，または白い数字だけをチェックしないように，上から 1 行ずつ取り組ませましょう．数を数えるのは最後でも結構です．

### 3）あいう算

<ねらい>

記憶しながら素早く計算することで注意力と処理速度の向上を目指します．このトレーニングは計算スピードを上げること以外にも，テストで問題を解いて出た答えを解答用紙に書き写す場合，転記ミスを減らすことにも役立ちます．

<用意するもの>（☆は CD にデータがあります）

☆あいう算-1～10 課題シート（図 11）

・ストップウォッチ

<進め方>

まず上段のひらがなと，その横の試算式の答えを覚えます．次に下段にある答えと同じ数字の横の（　　）に対応するひらがなを書きます．目標時間を立て，目標時間に近づく

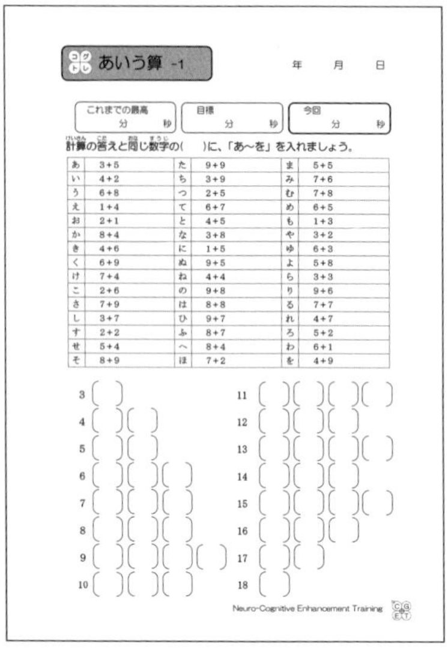

あいう算 -1　　年　月　日

これまでの最高　分　秒 ／ 目標　分　秒 ／ 今回　分　秒

計算《けいさん》の答《こた》えと同《おな》じ数字《すうじ》の(　　)に、「あ～を」を入れましょう。

| | | | | | |
|---|---|---|---|---|---|
| あ | 3+5 | た | 9+9 | ま | 5+5 |
| い | 4+2 | ち | 3+9 | み | 7+6 |
| う | 6+8 | つ | 2+5 | む | 7+8 |
| え | 1+4 | て | 6+7 | め | 6+5 |
| お | 2+1 | と | 4+5 | も | 1+3 |
| か | 8+4 | な | 3+8 | や | 3+2 |
| き | 4+6 | に | 1+5 | ゆ | 6+3 |
| く | 6+9 | ぬ | 9+5 | よ | 5+8 |
| け | 7+4 | ね | 4+4 | ら | 3+3 |
| こ | 2+6 | の | 9+8 | り | 9+6 |
| さ | 7+9 | は | 8+8 | る | 7+7 |
| し | 3+7 | ひ | 9+7 | れ | 4+7 |
| す | 2+2 | ふ | 8+7 | ろ | 5+2 |
| せ | 5+4 | へ | 8+4 | わ | 6+1 |
| そ | 8+9 | ほ | 7+2 | を | 4+9 |

3 (　)　　11 (　)(　)(　)(　)
4 (　)(　)　　12 (　)(　)(　)
5 (　)(　)　　13 (　)(　)(　)(　)
6 (　)(　)(　)　　14 (　)(　)(　)
7 (　)(　)(　)　　15 (　)(　)(　)(　)
8 (　)(　)(　)　　16 (　)(　)(　)
9 (　)(　)(　)(　)　　17 (　)(　)
10 (　)(　)(　)　　18 (　)

Neuro-Cognitive Enhancement Training

図 11　「あいう算」課題シートの例

よう頑張ってもらいましょう．時間の上限は「まとめる」と同様，5 分です．

<指導のポイント>

・ここでも 5 分でできない場合は，前回と比べ正答した数が増えていれば，力がついてきたことを評価してあげましょう．

### 4）さがし算

<ねらい>

答えを効率よく探すことで集中力や方略，処理速度の向上を目指します．このトレーニングは計算スピードを上げること以外にも，どうやれば素早くできるかといった方略を考える練習にも役立つでしょう．

<用意するもの>（☆は CD にデータがあります）

☆さがし算①，②-1～10 課題シート（図 12）

・ストップウォッチ

<進め方>

枠の中にある数字から，足すとある数字になる組み合わせをできるだけ早く探し出し，線で囲んでいきます．さがし算①では 2 個，②では 3 個の隣り合った数字の組み合わせを，「たて」，「よこ」，「ななめ」から探し，囲みます．組み合わせの数は①，②-1～5 は 1 個，①，②-6～10 は 3 個です．目標時間を立て，目標時間に近づくよう頑張ってもらいましょう．時間の上限は 5 分です．

<指導のポイント>

・数字の数が増えると，素早く探すための方略も必要になってきます．たとえば 3 つを足して 10 になる組み合わせを探す場合，スタートする最初の数字が 4 であれば，6 以上

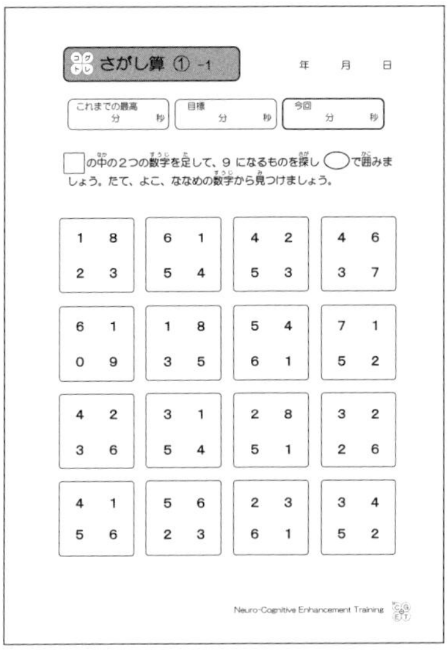


図 12 「さがし算」課題シートの例

の数字を探す必要はありません．10 を超えてしまいますから，探すのは 5 以下だけでいいことになります．

## 写す

### 1）点つなぎ

<ねらい>

見本を正確に写すことで視覚認知の基礎力をつけます．学習の基本は模倣です．たとえば漢字を覚える際には，まず手本をみながら正確にノートに写す作業から始めますし，先生が黒板に描いた図形をノートに写すといった作業も求められます．点つなぎはこれらの作業に欠かせません．

<用意するもの>（☆は CD にデータがあります）

☆点つなぎ①～③-1～20 課題シート（図 13）

<進め方>

上段の見本をみながら，フリーハンドで模写します．

<指導のポイント>

・単に点をつなぐだけでなく，どうすればミスなくつなげるかを考えましょう．たとえば，長い線から写す，使用しない点をチェックしておく，斜めの線は紙を斜めにしてからつなぐ，点の位置に番号をつける，等です．グループで行う場合はいろいろとアイデアを出し合ってもらいましょう．

・正しく模写できているかのチェックの際，直線の端は点上にあることが原則ですが，多

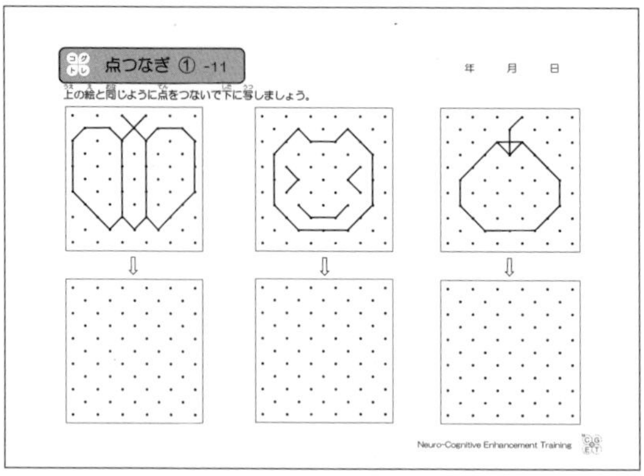


図 13 「点つなぎ」課題シートの例

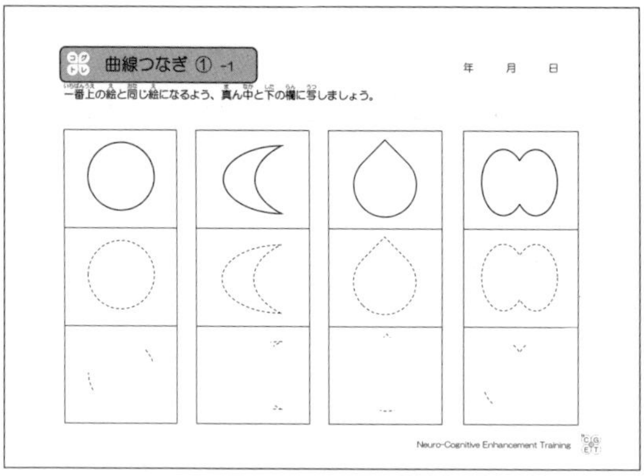


図 14 「曲線つなぎ」課題シートの例

少のはみ出しは参加者の認知能力に合わせて考慮してください．

・点つなぎ②の 6〜10，16〜20，点つなぎ③は，視覚の注意が身体の中心線を越えて模写する練習を意図していますので，課題シートは身体の正面に置いて模写してもらいましょう．

### 2）曲線つなぎ

＜ねらい＞

見本を正確に写すことで視覚認知の基礎力をつけます．特に曲線の模写をトレーニングします．直線はできても，曲線をまねることが苦手な子どももいます．このトレーニングは曲線をまねることに役立つでしょう．

＜用意するもの＞（☆は CD にデータがあります）

☆曲線つなぎ①〜③-1〜5 課題シート（図 14）

＜進め方＞

上段の見本をフリーハンドで模写します．

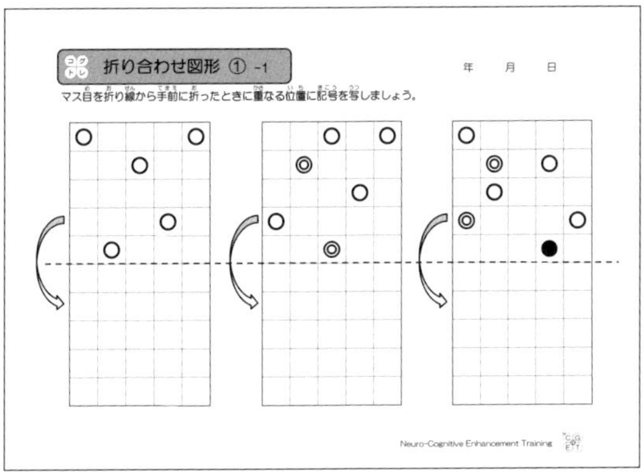


図 15 「折り合わせ図形」課題シートの例

＜指導のポイント＞

・破線を手がかりにゆっくりと丁寧に模写してもらいましょう.

### 3）折り合わせ図形

＜ねらい＞

マス目にある記号を上下対称に写すことで，正確に写すトレーニングをします．点つなぎのように上下にそのまま模写する以外にも，簡単な位置関係を理解しながら模写する力をつけます.

＜用意するもの＞（☆は CD にデータがあります）

☆折り合わせ図形①～③-1～5 課題シート（図 15）

＜進め方＞

上段のマス目の中にある記号を，真ん中の線で上下対称になるよう下段のマス目に写します.

＜指導のポイント＞

・記号の形も大切ですが，記号の位置を正確に把握できているか注意しましょう．また「折り合わせ図形③」は視覚の注意が身体の中心線を越えて写す練習を意図していますので，課題シートは体の正面に置いて模写してもらいましょう.

### 4）記号の変換

＜ねらい＞

ルールを守りながら記号の位置を正確に写すトレーニングをします．ここも簡単な位置関係を理解しながら模写する力をつけますが，ルールが加わりますのでより注意が必要です.

＜用意するもの＞（☆は CD にデータがあります）

☆記号の変換①～③-1～5 課題シート（図 16）

＜進め方＞

上段のマス目の中にある記号を，矢印の中にあるルールに従って変換し，下段のマス目に写します.

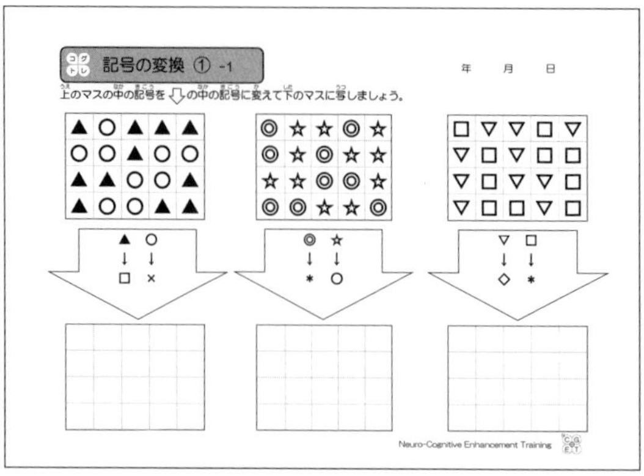


図 16 「記号の変換」課題シートの例

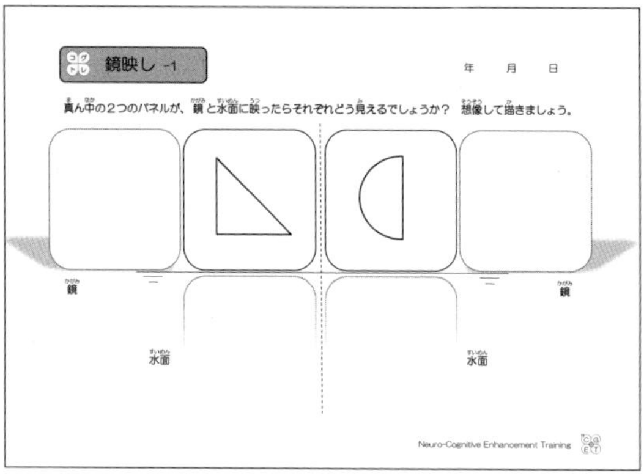


図 17 「鏡映し」課題シートの例

＜指導のポイント＞

・同じ記号だけ先に写す方法や，変換のルールを覚え一つずつ端から順番に写す方法等が考えられます．参加者にどちらがミスなく写せるか試してもらいましょう．

・「記号の変換③」は，①，②よりも多いマス目を提示することで，視覚の注意が身体の中心線を越えて変換する練習を意図していますので，課題シートは身体の正面に置いて写してもらいましょう．

### 5）鏡映し

＜ねらい＞

図形を鏡像と水面像に置き換え，正確に写すトレーニングをします．ここでは簡単な位置関係の理解を促し，想像力を働かせながら模写します．

＜用意するもの＞（☆は CD にデータがあります）

☆鏡映し-1～20 課題シート（図 17）

＜進め方＞

上段の真ん中にある 2 つの図形を基に，左右の空欄にはその鏡像を，下段の空欄には水

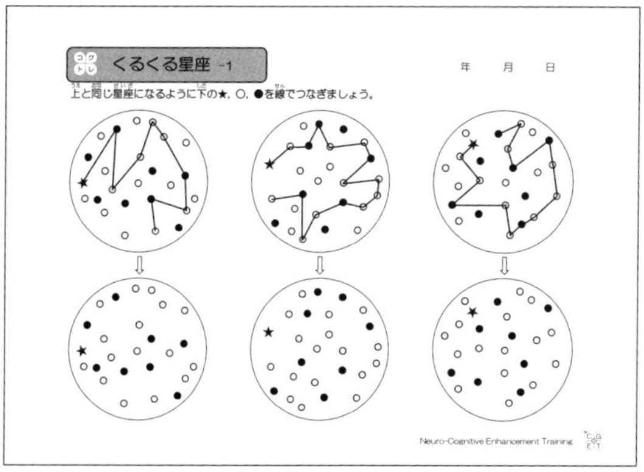


図 18 「くるくる星座」課題シートの例

面像を描きます．

<指導のポイント>

・図形・絵自体は形が大体描けていればよしとし，絵の向きや位置関係が正確かどうかに注意しましょう．

・難しければ最初は実際に鏡を使って理解してもらいましょう．

### 6) くるくる星座

<ねらい>

位置関係を把握しながら見本を正確に写すトレーニングをします．位置関係の理解が最も必要とされますので，地図を読みながら目的地に向かうといった作業にもこのトレーニングが役立つでしょう．

<用意するもの>（☆は CD にデータがあります）

☆くるくる星座-1〜15 課題シート（図 18）

<進め方>

上段の円の中にある星座を，下段の円の中の星を線でつなぎ，写します．

<指導のポイント>

・課題が進むにつれ下段の円が回転しますので，星座の端がどこに対応するか見つけるところから始めてもらうといいでしょう．

・難しければ課題シートを回転させてみましょう．

## 見つける

### 1) 黒ぬり図形

<ねらい>

共通した形の輪郭を見つけることで形の恒常性をトレーニングします．形の恒常性が弱いと，文字がうまく認識できなかったり，図形問題が苦手だったりします．まずこのト

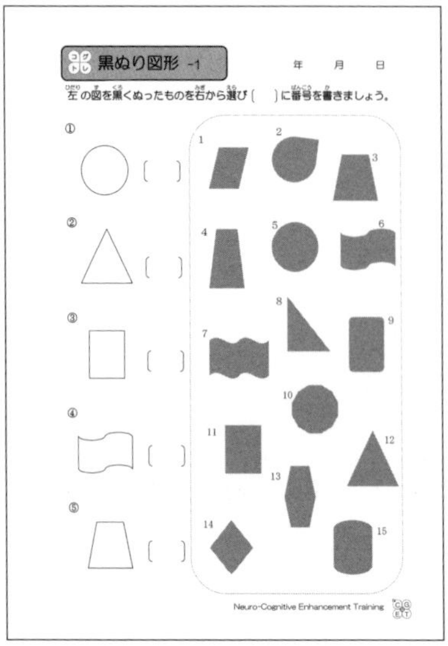


図 19 「黒ぬり図形」課題シートの例

レーニングでは同じ形を見つけるコツをつかみます．

＜用意するもの＞（☆は CD にデータがあります）

☆黒ぬり図形-1～10 課題シート（図 19）

＜進め方＞

左に提示された図を黒く塗ったものを右の図の中から選び，それぞれの（　　　）に数字を書きます．

＜指導のポイント＞

・形の輪郭だけをみてたどるよう指導しましょう．わからない場合は，最初に左の図を塗ってみましょう．

**2）重なり図形**

＜ねらい＞

一つだけ共通しない形を見つけることで形の恒常性をトレーニングします．ここでは論理的に形を見つける力をつけます．

＜用意するもの＞（☆は CD にデータがあります）

☆重なり図形-1～10 課題シート（図 20）

＜進め方＞

左に提示された図形をつくるのに使われていない部品を右の図の中から 1 つ選び，○で囲みます．

＜指導のポイント＞

・小さな図形を大きな図形に重ねてしまうと余る図形がない場合もありますので，迷った場合は「一つだけ要らないとすればどれか？」といった言い方でもいいでしょう．

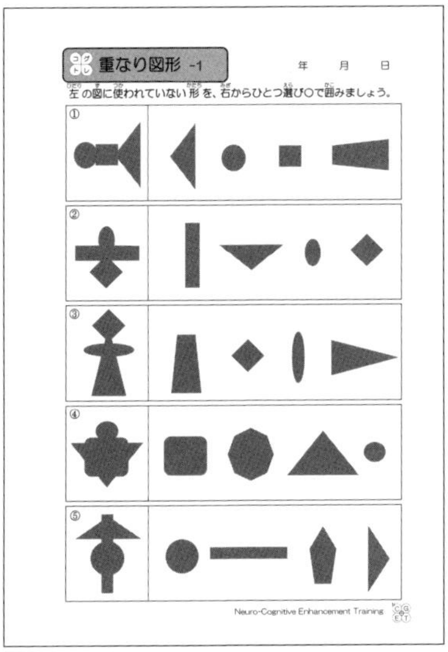


図 20 「重なり図形」課題シートの例

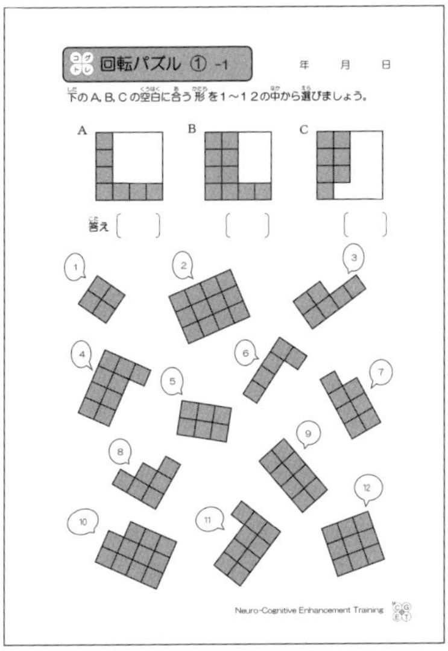


図 21 「回転パズル」課題シートの例

・どうしてもわからない場合は，課題シートを切り取って重ねてみましょう．

### 3）回転パズル

<ねらい>

図を回転させて同じ形をつくることで形の恒常性をトレーニングします．ここでは心の中で回転させて同じ形を見つける力をつけます．

<用意するもの>（☆は CD にデータがあります）

☆回転パズル①，②-1～10 課題シート（図 21）

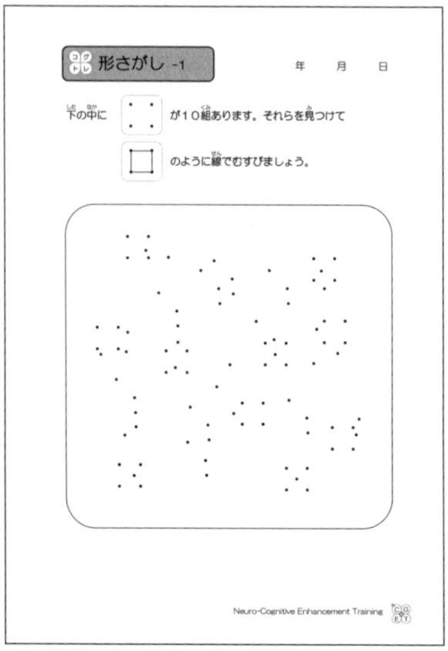


図 22 「形さがし」課題シートの例

＜進め方＞

回転パズル①では上に並べた図の白抜き部分と同じ形を下の絵の中から選び，(　　) に数字を書きます．

回転パズル②では提示された図をつくるのに必要な左右の図の組み合わせを選び，線で結びます．

＜指導のポイント＞

・回転パズル①は，難しければ課題シートを回転させるよう指導しましょう．

・回転パズル②は，難しければ提示された図形を完成させるのに必要な図形を鉛筆で描き足して，それと同じ図形を探すよう指導しましょう．

### 4）形さがし

＜ねらい＞

不規則に並んだ点の中から同じ形を見つけ出すことで形の恒常性をトレーニングします．このトレーニングでどのような状況でも同じ形を見つける力をつけます．

＜用意するもの＞（☆は CD にデータがあります）

☆形さがし-1～20 課題シート（図 22）

＜進め方＞

上に提示された点の配列を，下の点群の中から探し出し，線でつなぎます．

＜指導のポイント＞

わかりやすい箇所からつないでいきましょう．線がつながっていけばより容易になりますので，落ち着いて丁寧に取り組んでもらいましょう．

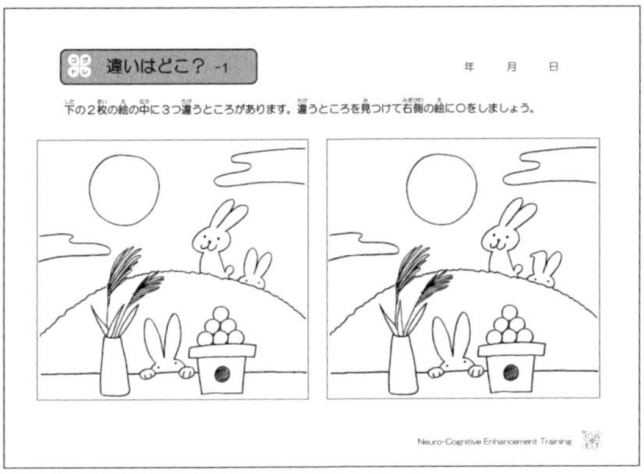


図 23 「違いはどこ？」課題シートの例



### 5）違いはどこ？

＜ねらい＞

２枚の絵の違いを見つけることで共通点・相違点を把握する力をつけます．これらの力は，図のパターンを認識する，数字の並びからあるパターンを見つける，人の顔や表情を見分ける，等に役立つでしょう．

＜用意するもの＞（☆は CD にデータがあります）

☆違いはどこ？-1～20 課題シート（図 23）

＜進め方＞

右の絵で左の絵と違うところを３つ見つけ，○で囲みます．

＜指導のポイント＞

・形の違いの他にも，位置関係の違いにも注意してもらいましょう．

### 6）同じ絵はどれ？

＜ねらい＞

複数の絵の中から同じ絵を見つけることで共通点・相違点を把握する力をつけます．「違いはどこ？」と同様の力を養いますが，情報量を多くすることで難易度を高めてあります．

＜用意するもの＞（☆は CD にデータがあります）

☆同じ絵はどれ？-1～10 課題シート（図 24）

＜進め方＞

複数の絵（8～12 点）の中からまったく同じ絵を２点見つけ，（　　　）に番号を書きます．

＜指導のポイント＞

・２点の絵の中で一つの違いを見つけたら，どちらの絵が他の絵と共通しているかを考えさせるとよいでしょう．

・他の絵との違いを○で囲んでいくと，候補を減らすことができ，より容易になります．

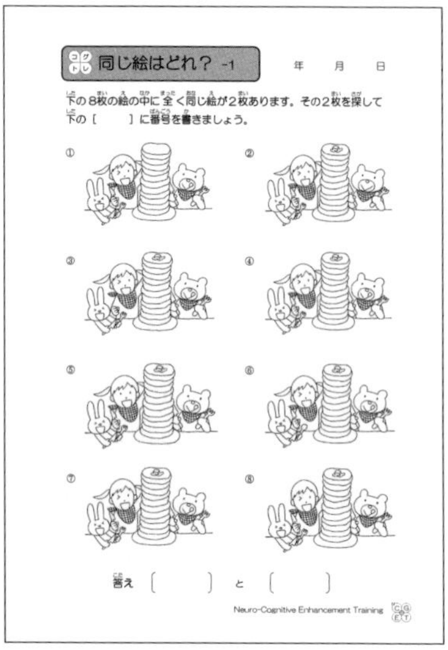


図 24 「同じ絵はどれ？」課題シートの例

## 想像する

### 1）スタンプ

<ねらい>

スタンプの印面を考えることで鏡像をイメージする力をつけます．一つの視覚情報から他の情報を想像するトレーニングですので，空間的な課題（図形問題，地図を読む，フローチャートを書く等）にも役立つでしょう．

<用意するもの>（☆は CD にデータがあります）

☆スタンプ①-1～20，②-1～10 課題シート（図 25）

<進め方>

上に提示されたスタンプを紙に押したとき，どんな模様になるかを下の中から選び（　　）に数字を書きます．

<指導のポイント>

- スタンプの印面は元図の鏡像になります．わかりにくければ実際に鏡をスタンプの絵の横に置いて確認させましょう．
- 明らかに異なるものを先に除外するとわかりやすくなります．

### 2）穴の位置

<ねらい>

心の中で折りたたんだ折り紙に穴を開け，折り紙を開いたとき，穴の位置はどこにあるかを考えることで展開図をイメージする力をつけます．「スタンプ」と同様の力を養いますが，情報量を多くすることで難易度を高めてあります．

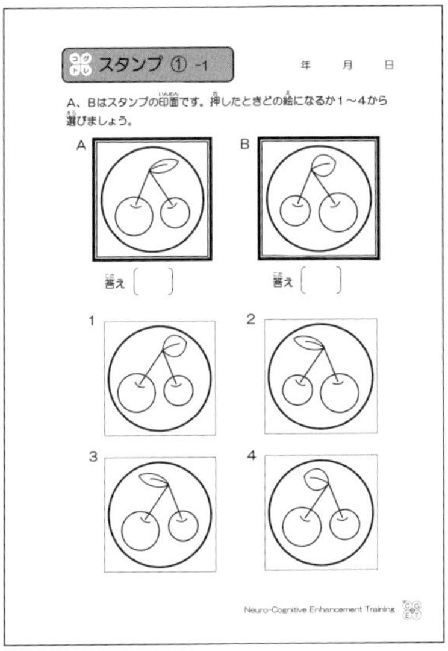


図 25 「スタンプ」課題シートの例

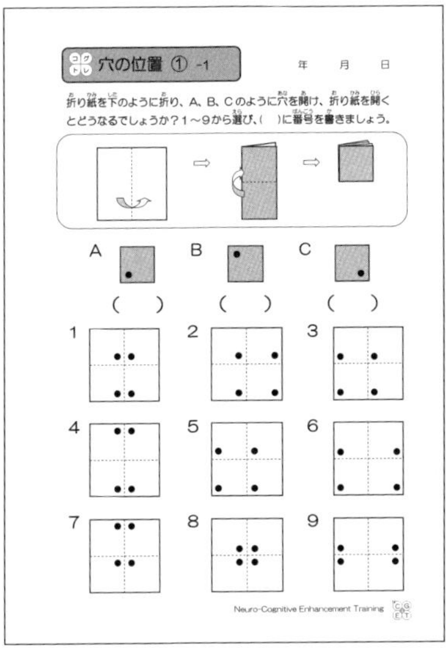


図 26 「穴の位置」課題シートの例

＜用意するもの＞（☆は CD にデータがあります）

☆穴の位置①，②-1～10 課題シート（図 26）

＜進め方＞

課題シートに図示されたように折り紙を半分ずつ折っていき，いくつか穴を開けたとします．折り紙を開いたときにどこに穴があるかを想像し，下から答えを選び，番号を（　）に書きます．

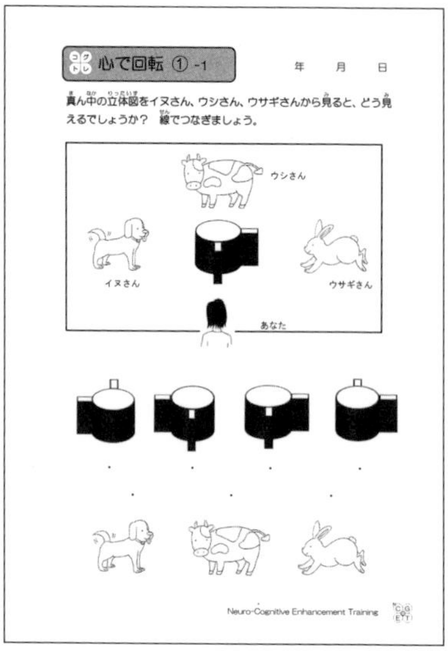


図27 「心で回転」課題シートの例

<指導のポイント>

・課題の意味がつかみにくい場合は，実際に折り紙を使ってやってみましょう.

・難しければ半分ずつ開いて折り紙を戻し，穴の位置を書いていきましょう.

### 3）心で回転

<ねらい>

心の中でイメージを回転させる力をトレーニングします.「スタンプ」や「穴の位置」と同様の力を養いますが，3次元の情報を含む等，さらに難易度を高めてあります.

<用意するもの>（☆はCDにデータがあります）

☆心で回転①-1～20，②-1～10課題シート（図27）

<進め方>

手前にいるあなたからみた図形が，正面・右・左の動物たちからはどうみえるかを想像し，正しい組み合わせを線で結びます.

<指導のポイント>

・理解しにくければ，模型を使って実際に左右・後ろに移動して確かめてみましょう.

・回転するほど難易度が上がりますので，正面の動物（ウシ）よりも先に左右の動物（イヌ，ウサギ）からイメージしたほうがわかりやすいでしょう.

### 4）順位決定戦

<ねらい>

それぞれの関係性を理解して記憶しながら論理的思考をトレーニングします．特に比較問題に取り組むうえで役立つでしょう.

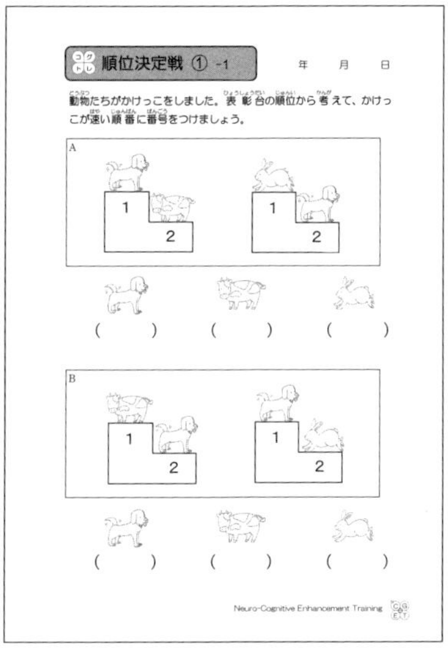


図 28 「順位決定戦」課題シートの例

<用意するもの>（☆は CD にデータがあります）

☆順位決定戦①，②-1～10 課題シート（図 28）

<進め方>

順位決定戦①は動物のかけっこ，②は食べ物の人気投票が，いくつか同時に行われています．それらの結果から順位を想像して，問いに答えます．

<指導のポイント>

・まずそれぞれの表彰台で一番のもの同士を比較して，全体の一番になるものを見つけましょう．その次に二番になるもの，その次は……と順に比較してもらうとよいでしょう．

・理解しにくければ，解答しながら自分で順位を図示してもらってもいいでしょう．

### 5）物語つくり

<ねらい>

ストーリーを想像しながら時間概念や論理的思考をトレーニングします．このトレーニングで断片的な情報から全体を想像する力を養います．たとえば，数字の並びからあるパターンを見つける，ジグソーパズルに取り組む，バラバラの文から全体の文章を想像する際などで役立つでしょう．

<用意するもの>（☆は CD にデータがあります）

☆物語つくり-1～10 課題シート（図 29）

<進め方>

バラバラに置かれたイラストを，ストーリーを想像して正しい順番に並び変え，下の（　　）に順番を書きます．

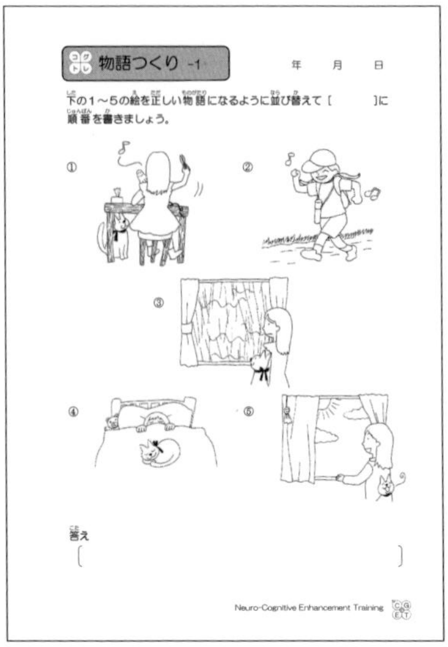


図 29 「物語つくり」課題シートの例

＜指導のポイント＞

・ストーリーの最初を見つけるのではなく，2 つのうちどちらが先かを考えさせ，順に並べていき，あとは順位決定戦と同様の方法で順番を並び変えていくよう指導するとよいでしょう．
・必ず前後がわかるヒントがありますので，そこに注意を向けさせます．

# 第3章

# コグトレの進め方

## コグトレ課題一覧

| 覚える | | 小項目 | 内容 | 枚数 | 備考 | 4カ月コース 1カ月目 | 2カ月目 | 3カ月目 | 4カ月目 |
|---|---|---|---|---|---|---|---|---|---|
| 1 | 何があった？① | 1～5 | 単一 | 5 | | | | | |
| | 何があった？② | 1～5 | 単一 | 5 | | | | | |
| | 何があった？③ | 1～5 | 単一 | 5 | | | | | |
| | 何があった？④ | 1～5 | 複数・単一 | 5 | | | | | |
| | 何があった？⑤ | 1～5 | 複数・単一 | 5 | | | | | |
| | 何があった？⑥ | 1～5 | 共有・接点 | 5 | 1回5シートで12回分 | Gセッション | | | |
| | 何があった？⑦ | 1～5 | 共有・接点 | 5 | | | | | |
| | 何があった？⑧ | 1～5 | 共有・接点 | 5 | | | | | |
| | 何があった？⑨ | 1～5 | 格子模様 | 5 | | | | | |
| | 何があった？⑩ | 1～5 | 格子模様 | 5 | | | | | |
| | 何があった？⑪ | 1～5 | 立体 | 5 | | | | | |
| | 何があった？⑫ | 1～5 | 立体 | 5 | | | | | |
| 2 | 数字はどこ？ | 1～20 | 5つ | 20 | 1シートで1題，1回5題として4回分 | | | | |
| | 文字はどこ？ | 1～20 | 5文字 | 20 | 1シートで1題，1回5題として4回分 | Gセッション | | | |
| | 数字と文字はどこ？ | 1～20 | 合計5つ | 20 | 1シートで1題，1回5題として4回分 | | | | |
| | 記号はどこ？ | 1～20 | 4記号 | 20 | 1シートで1題，1回5題として4回分 | | | | |
| 3 | ○はどこ？① | 1～16 | ○：1個 | 16 | 3シートで1題，1セット5題として2回行う | | | | |
| | ○はどこ？② | | ○：1個 | | 5シートで1題，1セット5題として2回行う | | | | |
| | ○はどこ？③ | 1～16 | ○：2個 | 16 | 3シートで1題，1セット5題として2回行う | | | | |
| | ○はどこ？④ | 1～52 | ○：3個 | 52 | 3シートで1題，1セット5題として4回行う | | | Gセッション | |
| | アレはどこ？① | 1～30 | 混合 | 30 | 3シートで1題，計10題，1セット5題として2回分 | | | | |
| | アレはどこ？② | 1～30 | 混合 | 30 | 3シートで1題，計10題，1セット5題として2回分 | | | | |
| | アレはどこ？③ | 1～30 | 混合 | 30 | 3シートで1題，計10題，1セット5題として2回分 | | | | |
| 4 | 最初とポン① | 1～10 | 動物 | 10 | 1シート10題で1回分，計10回分 | | | | |
| | 最初とポン② | 1～10 | 果物 | 10 | 1シート10題で1回分，計10回分 | | Gセッション | | |
| | 最初とポン③ | 1～10 | 色 | 10 | 1シート10題で1回分，計10回分 | | | | |
| 5 | 最後とポン① | 1～10 | 動物 | 10 | 1シート10題で1回分，計10回分 | | | | |
| | 最後とポン② | 1～10 | 食べ物 | 10 | 1シート10題で1回分，計10回分 | | Gセッション | | |
| | 最後とポン③ | 1～7 | 色 | 10 | 1シート7題で1回分，計10回分 | | | | |
| 6 | 何が一番？① | 1～4 | 3～4の比較 | 4 | 1シートに6題，1回3題として2回分，計8回分 | Gセッション | | | |
| | 何が一番？② | 1～4 | さらに情報を複雑化 | 4 | 1シートに6題，1回3題として2回分，計8回分 | | | | |
| 7 | 何が何番？① | 1～4 | 3～4の比較 | 4 | 1シートに6題，1回3題として2回分，計8回分 | | | Gセッション | |
| | 何が何番？② | 1～4 | 計算の追加 | 4 | 1シートに6題，1回3題として2回分，計8回分 | | | | |

| 数える | | | | | | | | | |
|---|---|---|---|---|---|---|---|---|---|
| 1 | まとめる | 1～10 | ☆:5～10個 | 10 | それぞれ1回1シート<br>A1：まとめる，あいう算，さがし算①<br>A2：あいう算，さがし算①，②<br>B1：記号さがし①，②，③<br>B2：記号さがし②，③，④ | | | | |
| 2 | あいう算 | 1～10 | | 10 | | | Gセッション（A1orA2） | | |
| 3 | さがし算① | 1～10 | 2つの数字 | 10 | | | | | |
| | さがし算② | 1～10 | 3つの数字 | 10 | | | | | |
| 4 | 記号さがし① | 1～10 | 記号 | 10 | | | | | |
| | 記号さがし② | 1～10 | 記号 | 10 | | | Gセッション（B1orB2） | | |
| | 記号さがし③ | 1～10 | イラスト | 10 | | | | | |
| | 記号さがし④ | 1～10 | 数字 | 10 | | | | | |

| 8カ月コース | | | | | | | | | |
|---|---|---|---|---|---|---|---|---|---|
| 1カ月目 | 2カ月目 | 3カ月目 | 4カ月目 | 5カ月目 | 6カ月目 | 7カ月目 | 8カ月目 | 解答記入シート | 本文中の解答 |
| Gセッション | | | | | | | | | |
| | | Gセッション | | | | | | 1シート用×20回分 | |
| | | | | | | | | 1シート用×20回分 | |
| | | | | | | | | 1シート用×20回分 | |
| | | | | | | | | 1シート用×20回分 | |
| | | | | Gセッション | | | | 3シート用×10回分 | |
| | | | | | | | | 5シート用×10回分 | |
| | | | | | | | | 3シート用×10回分 | |
| | | | | | | | | 3シート用×20回分 | |
| | | | | | | | | 3シート用×10回分 | |
| | | | | | | | | 3シート用×10回分 | |
| | | | | | | | | 3シート用×10回分 | |
| Gセッション | | | | | | | | 10題用 | 文字のみ |
| | | | | | | | | 10題用 | 文字のみ |
| | | | | | | | | 10題用 | 文字のみ |
| | | Gセッション | | | | | | 10題用 | 文字のみ |
| | | | | | | | | 10題用 | 文字のみ |
| | | | | | | | | 7題用 | 文字のみ |
| | | | | Gセッション | | | | 6題用 | 文字のみ |
| | | | | | | | | 6題用 | 文字のみ |
| | | | | | | Gセッション | | 6題用 | 文字のみ |
| | | | | | | | | 6題用 | 文字のみ |

| | | | | | | | | | |
|---|---|---|---|---|---|---|---|---|---|
| Gセッション（A1orA2）と（B1orB2）を交互に | | | | | | | | 課題シートを使用 | 文字のみ |
| | | | | | | | | | 文字のみ |
| | | | | | | | | | 課題シートを利用 |
| | | | | | | | | | 課題シートを利用 |

## 写す

| | | 小項目 | 内容 | 枚数 | 備考 | 4カ月コース<br>1カ月目 | 2カ月目 | 3カ月目 | 4カ月目 |
|---|---|---|---|---|---|---|---|---|---|
| 1 | 点つなぎ① | 1～10 | 低密度 | 10 | 計 140 枚，1日3～4シートで 40 日 | Iセッション → | → | | |
| | | 11～20 | 高密度 | 10 | | | | | |
| | 点つなぎ② | 1～10 | 低密度 | 10 | | | | | |
| | | 11～20 | 高密度 | 10 | | | | | |
| | 点つなぎ③ | 1～10 | 低密度 | 10 | | | | | |
| | | 11～20 | 高密度 | 10 | | | | | |
| 2 | 曲線つなぎ① | 1～5 | 3マス | 5 | | | | | |
| | 曲線つなぎ② | 1～5 | 2マス | 5 | | | | | |
| | 曲線つなぎ③ | 1～5 | 1マス | 5 | | | | | |
| 3 | 折り合わせ図形① | 1～5 | 5×5 | 5 | | | | | |
| | 折り合わせ図形② | 1～5 | 5×8 | 5 | | | | | |
| | 折り合わせ図形③ | 1～5 | 5×18 | 5 | | | | | |
| 4 | 記号の変換① | 1～5 | 4×5 | 5 | | | | | |
| | 記号の変換② | 1～5 | 4×8 | 5 | | | | | |
| | 記号の変換③ | 1～5 | 4×18 | 5 | | | | | |
| 5 | 鏡映し | 1～20 | 水面・鏡面 | 20 | | | | | |
| 6 | くるくる星座 | 1～15 | 3星座 | 15 | | | | | |

## 見つける

| | | 小項目 | 内容 | 枚数 | 備考 | 1カ月目 | 2カ月目 | 3カ月目 | 4カ月目 |
|---|---|---|---|---|---|---|---|---|---|
| 1 | 黒ぬり図形 | 1～10 | | 10 | 計 90 枚，1日4～5シートで 20 日 | | | | Iセッション → |
| 2 | 重なり図形 | 1～10 | | 10 | | | | | |
| 3 | 回転パズル① | 1～10 | 1個固定 | 10 | | | | | |
| | 回転パズル② | 1～10 | 2個動的 | 10 | | | | | |
| 4 | 形さがし | 1～20 | | 20 | | | | | |
| 5 | 違いはどこ？ | 1～20 | | 20 | | | | | |
| 6 | 同じ絵はどれ？ | 1～10 | | 10 | | | | | |

## 想像する

| | | 小項目 | 内容 | 枚数 | 備考 | 1カ月目 | 2カ月目 | 3カ月目 | 4カ月目 |
|---|---|---|---|---|---|---|---|---|---|
| 1 | スタンプ① | 1～20 | 2個 | 20 | 計 110 枚，1日5～6シートで 20 日 | | | | Iセッション → |
| | スタンプ② | 1～10 | 3個 | 10 | | | | | |
| 2 | 穴の位置① | 1～10 | 4つ折り | 10 | | | | | |
| | 穴の位置② | 1～10 | 4つ折り＋1 | 10 | | | | | |
| 3 | 心で回転① | 1～20 | 平面立体 | 20 | | | | | |
| | 心で回転② | 1～10 | 3次元 | 10 | | | | | |
| 4 | 順位決定戦① | 1～10 | 動物の速さ | 10 | | | | | |
| | 順位決定戦② | 1～10 | 子どもの人気 | 10 | | | | | |
| 5 | 物語つくり | 1～10 | 5～12 枚 | 10 | | | | | |

＊グループで行うＧセッションは，トレーニング後にみんなで答え合わせをすると効果的です．
個別に行うＩセッションは，トレーナーが採点してあげましょう．

| 8カ月コース | | | | | | | | | |
|---|---|---|---|---|---|---|---|---|---|
| 1カ月目 | 2カ月目 | 3カ月目 | 4カ月目 | 5カ月目 | 6カ月目 | 7カ月目 | 8カ月目 | 解答シート | 本文中の解答 |
| 1セッション | | | | | | | | 課題シートを使用 | なし |
| | | | | | | | | | 文字のみ |
| | | | | | | | | | 文字のみ |
| | | | | | | | | | 文字のみ |
| | | | | 1セッション | | | | 課題シートを使用 | 文字のみ |
| | | | | | | | | | 課題シートを利用 |
| | | | | | | | | | 課題シートを利用 |
| | | | | | | | | | 課題シートを利用 |
| | | | | | | | | | 文字のみ |
| | | | | | | | | | 文字のみ |
| | | | | | | | | | 文字のみ |
| | | | | | | | | | 文字のみ |
| | | | | | | 1セッション | | | 課題シートの一部を利用 |
| | | | | | | | | | 課題シートの一部を利用 |
| | | | | | | | | | 課題シートの一部を利用 |
| | | | | | | | | | 課題シートの一部を利用 |
| | | | | | | | | | 文字のみ |

コグトレは大きく分けて，①トレーナーと行う G（Group）セッションと，②個別で行う I (Individual) セッションの 2 つから成ります．G セッションはグループで行うことを前提としていますが，トレーナーと 1 対 1 でも可能です．G セッションは「覚える」と「数える」，I セッションは「写す」，「見つける」，「想像する」です．コグトレでは G・I セッションを同時進行していきます．

以下に 4 カ月コースと 8 カ月コースのモデル例を挙げておきましたが，トレーニングにかけられる時間や参加者のレベルに応じて随時調整してください．

本書のコグトレは，コグトレにかける時間を 1 日 60 分とした場合，G セッションを 1 回 60 分×週 2 回，I セッションを 1 回 60 分×週 5 回行ったとして 4 カ月で終了する分量になっています．8 カ月コースはコグトレにかける時間を 1 日 30 分とした場合です．なお第 5 章のコグトレの効果検証は 4 カ月コースで行ったものです．

## 1　4 カ月コース

「週 2 回（60 分）の G セッション」+「週 5 回（60 分）の I セッション」を 4 カ月継続します．難易度の高い課題もありますので，必ずしもひと通り全部やる必要はありません．参加者のレベルに合わせて，難しそうなものは避けるのもいいでしょう．

シートの枚数には限りがありますので，セッションを続けるうちに一度やった課題を出すことになります．その場合は，前回の結果と比べてみてください．

### 1）前半 2 カ月

**G セッション**（2 回/週×8＝16 回）

・「何があった」を，①から順に 1 回につき 1 セット（5 シート）をすべて行います．12 回で一巡しますので，後の 4 回は苦手だったセットを繰り返しましょう．

・「数字はどこ？」，「文字はどこ？」，「数字と文字はどこ？」，「記号はどこ？」を 1 回目は「数字はどこ？」，2 回目は「文字はどこ？」というように順番に行っていきます．各課題 1 回につき5 シートずつ行うと 16 回分ありますので，前半 2 カ月ですべてのシートを使い切ることになります．

・「最初とポン」を，1 回につき①～③のうちどれか 1 シート（10 題）行います．30 回分あります．

・「最後とポン」を，1 回につき①～③のうちどれか 1 シート（①，②は 10 題，③は 7 題）行います．30 回分あります．

・「何が一番？」を，1 回につき 3 題行います．①，②を合わせて 16 回分ありますので，前半 2 カ月ですべての課題を行うことができます．

・「数える」課題より，対象者のレベルに合わせて，A〔A1（「まとめる」，「あいう算」，「さがし算①」）か A2（「あいう算」，「さがし算①，②」）〕と B〔B1（「記号さがし①，②，③」）か B2（「記号さがし②，③，④」）〕から 1 つずつ選び，AB 各課題を 1 回につき 1 シートずつ行います．

**I セッション**（5 回/週×8＝40 回）

・「写す」課題を「点つなぎ」から順に「くるくる星座」まで行います．課題シートは 140 枚あります．週 5 回のペースだと 1 回 3～4 枚です．

**2）後半 2 カ月**

**G セッション**（2 回/週×8＝16 回）

・「○はどこ？①～④」，「アレはどこ？①～③」までを順に行います．「○はどこ？①～③」と「アレはどこ？」は，5 題を 1 セットとして 1 回のトレーニングで 2 回行います．「○はどこ？④」は 5 題 1 セットを 4 回行います．

・「最初とポン」を，1 回につき①～③のうちどれか 1 シート（10 題）行います．30 回分あります．

・「最後とポン」を，1 回につき①～③のうちどれか 1 シート（①，②は 10 題，③は 7 題）行います．30 回分あります．

・「何が何番？」を，1 回につき 3 題行います．①，②を合わせて 16 回分ありますので，すべての課題を行うことができます．

・「数える」課題より，対象者のレベルに合わせて，A〔A1（「まとめる」，「あいう算」，「さがし算①」）か A2（「あいう算」，「さがし算①，②」）〕と B〔B1（「記号さがし①，②，③」）か B2（「記号さがし②，③，④」）〕から 1 つずつ選び，AB 各課題を 1 回につき 1 シートずつ行います．

**I セッション**

・「見つける」課題，「想像する」課題の順に行います．課題シートは合計 200 枚ありますので，週 5 回のペースだと 1 回 5 枚です．

## 2　8 カ月コース

「週 2 回（20 分）の G セッション」＋「週 5 回（30 分）の I セッション」を 8 カ月継続します．

**1）1～2 カ月目**

**G セッション**（2 回/週×8＝16 回）

・「何があった」を，①から順に 1 回につき 1 セット（5 シート）をすべて行います．12 回で一巡しますので，後の 4 回は苦手だったセットを繰り返しましょう．

・「最初とポン」を，1 回につき①～③のうちどれか 1 シート（10 題）行います．30 回分あります．

・「数える」課題より，対象者のレベルに合わせて，A〔A1（「まとめる」，「あいう算」，「さがし算①」）か A2（「あいう算」，「さがし算①，②」）〕と B〔B1（「記号さがし①，②，③」）か B2（「記号さがし②，③，④」）〕から 1 つずつ選び，A と B を交互に 1 回につき 1 シートずつ行います．

**I セッション**（5 回/週×8＝40 回）

・1～4 カ月目まで共通です．「写す」課題を「点つなぎ」から順に行います．課題シートは140枚ありますので，週5回のペースだと1回1〜2枚です．

**2）3〜4カ月目**

**Gセッション**（2回/週×8＝16回）

・「数字はどこ？」，「文字はどこ？」，「数字と文字はどこ？」，「記号はどこ？」を，1回目は「数字はどこ？」，2回目は「文字はどこ？」というように順番に行っていきます．各課題1回につき5シートずつ行うと16回分ありますので，2カ月ですべてのシートを使い切ることになります．

・「最後とポン」を，1回につき①〜③のうちどれか1シート（①，②は10題，③は7題）行います．30回分あります．

・「数える」課題は1〜2カ月目と同様です．

**Iセッション**（5回/週×8＝40回）

・1〜4カ月目まで共通です．「写す」課題を「点つなぎ」から順に行います．課題シートは140枚ありますので，週5回のペースだと1回1〜2枚です．

**3）5〜6カ月目**

**Gセッション**（2回/週×8＝16回）

・「○はどこ？」①〜④，「アレはどこ？」①〜③までを順に行います．「○はどこ？①〜③」と「アレはどこ？」は，5題を1セットとして1回のトレーニングで2回行います．「○はどこ？④」は5題1セットを4回行います．

・「何が一番？」を，1回につき3題行います．①，②合わせて16回分ありますので，すべての課題を行うことができます．

・「数える」課題は1〜2カ月目と同様です．

**Iセッション**（5回/週×8＝40回）

・「見つける」課題を行います．課題シートは合計90枚ありますので，週5回のペースだと1回2〜3枚です．

**4）7〜8カ月目**

**Gセッション**（2回/週×8＝16回）

・「○はどこ？」①〜④，「アレはどこ？」①〜③までを順に行います．「○はどこ？①〜③」と「アレはどこ？」は，5題を1セットとして1回のトレーニングで2回行います．「○はどこ？④」は5題1セットを4回行います．

・「何が何番？」を，1回につき3題行います．①，②合わせて16回分ありますので，すべての課題を行うことができます．

・「数える」課題は1〜2カ月目と同様です．

**Iセッション**（5回/週×8＝40回）

・「想像する」課題を行います．課題シートは合計110枚ありますので，週5回のペースだと1回2〜3枚です．

# 第4章

# 認知機能の評価方法

認知機能の評価の対象は，知能検査に代表される知的機能をはじめとして，実行機能，記憶，自己認知，社会生活能力等があり，さらに認知に関連した身体的検査まで含めると膨大な数に上ります．これらを対象に専門的検査を数多く実施して，少しでも子どもの状況を把握するに越したことはないのですが，検査し適切に評価できる機関（主に医療機関や子ども家庭センター，教育センター等）が限られ，時間も要するため容易ではありません．また学校現場では，気になる子どもがいても，他機関で検査を受けてもらうには保護者への説明と同意が必要となりますし，一方で保護者がわが子の発達が心配になっても，病院まで検査を受けに行くことにはどうしても躊躇しがちです．専門的な結果や数値を説明されてもチンプンカンプンなことも多いようです．

そこで，本章では認知機能の評価を，学校や家庭でも簡易にできる，みる力，きく力のスクリーニング検査，もっと詳しく知りたい場合の専門的検査に分けてご紹介します．なお専門的検査には，児童用に作成されていないものの，子どもの状況を把握するうえで優れた検査も紹介してあります．

## 1　ご家庭でもできるスクリーニング検査

### 1）みる力

（1）正方形，三角形，ひし形，星形の模写

下記の手本をみながら一つずつ順番に模写します．右に行くほど難易度が上がります．これらがうまく描けるかみてみましょう．たとえば，角が丸くなっていないか，縦横の長さの比率が大きく違っていないか，直線が曲線になっていないか等に注意します．平均的な発達過程にある場合，正方形は4～5歳，三角形は5～6歳，ひし形は7～8歳くらいまでに描けるようになりますので目安にします．星形は年齢の基準はありませんが，先が丸くなっていないか注意しましょう．

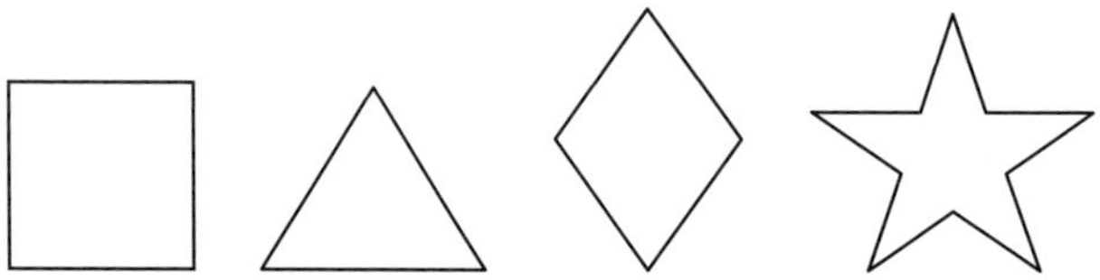

（2）立体図の模写

見本に示した立方体を模写します．8～9歳くらいまでに描けるかどうかが，認知機能の発達度合の目安となります．奥行きがつかめないと立体図ではなく四角形が集まっているようにみえ，下記①～③のような図を描きます．④では見本を立体的にはみえていますが，底辺がまっすぐで，側辺は下に広がっており，うまく描けないようです．

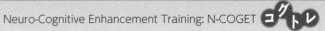

（見本）

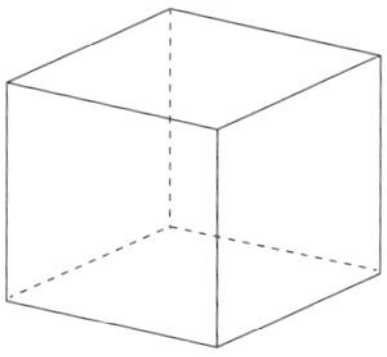

①

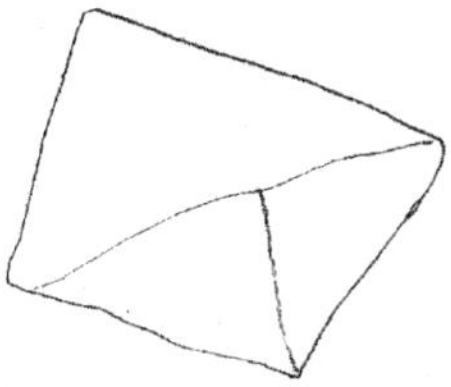

②

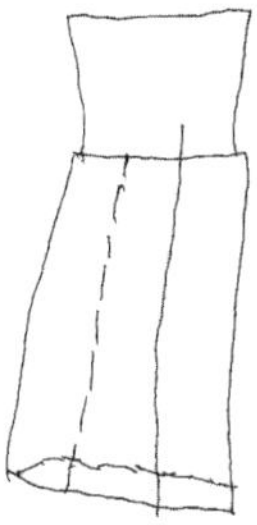

③

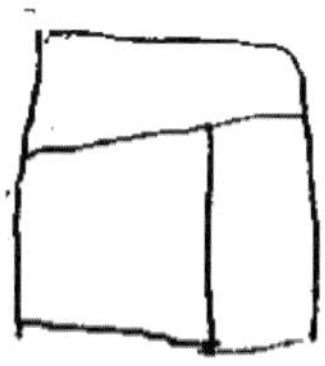

④

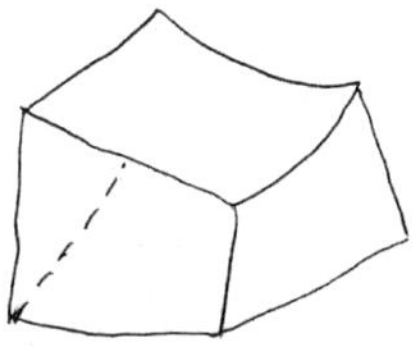

（3）ハチの巣の模写

見本の六角形の集合体を模写します．8〜9 歳くらいまでに描けるかが認知機能の発達度合の目安です．これを模写するには，六角形が集まっていることと，各辺を共有していることを理解できることが必要です．発達の順番として①→③へと進みます．①は，丸い石ころのようなものが集まっているようにみえているようです．②では，六角形は怪しく，角ばった図形が集まっています．③では，六角形はわかっていますが，各辺が共有されず，隙間が開いています．

（見本）

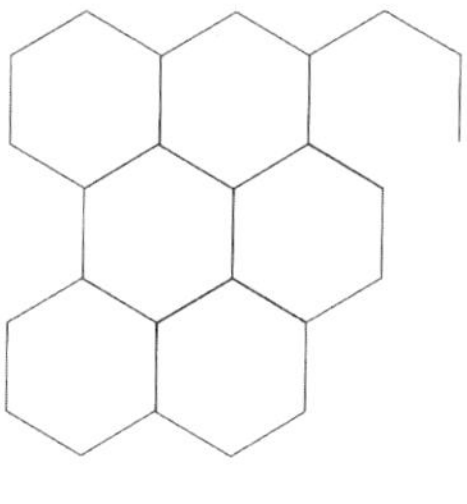

①

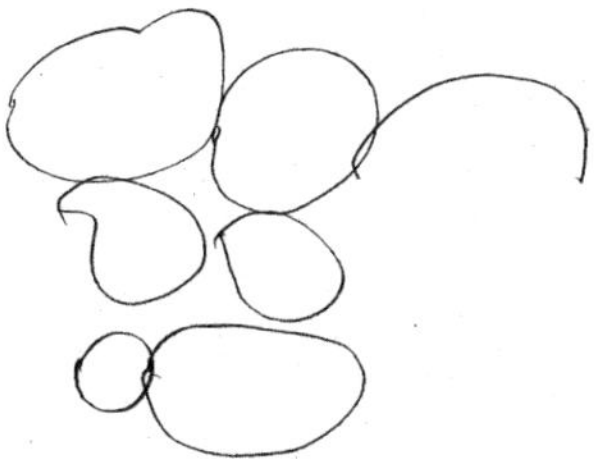

②

③

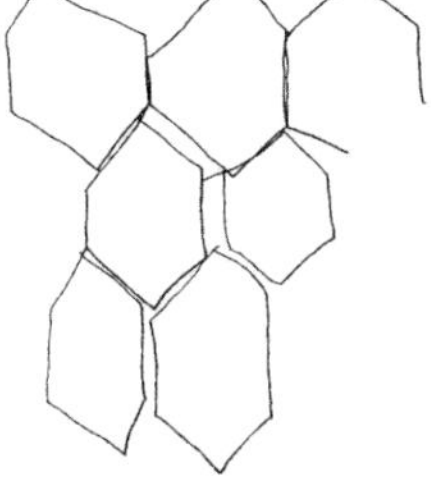

### 2）きく力

（1）数の復唱

ランダムに数字を1秒間隔で読み上げ，順番通りに復唱させます（たとえば5，2，9，4等），6～7歳くらいまでに5桁，9～10歳くらいまでに6桁が復唱できるかが評価の目安です．また逆から言わせる逆唱（先ほどの例では，4，9，2，5が正解）では，8～9歳で4桁が言えれば問題ないでしょう．

（2）単語の復唱

それぞれが関係のない単語（たとえば，イヌ，船，月，リンゴ等）を1秒間隔で読み上げ何語まで同じ順番で正確に復唱できるかをみます．9歳までに4語，それ以上の年齢では5語以上言えれば問題ないでしょう．

（3）短文の復唱

たとえば「イヌはカラスをウサギにした」，「リンゴはバナナ味のイチゴをメロンにした」といったような意味のない短文や，「算数の教科書を開いて16ページの3番の問題をやってください」という短文を読み上げ，復唱させてみてください．これらを復唱できない子どもには日常生活で指示が通らないこともあり得ます．どの程度まできき取れるかで，きく力を確かめてみましょう．

## 2 専門的検査

### 1）知能検査

（1）WISC-Ⅳ（Wechsler Intelligence Scale for Children-Fourth Edition）

知能検査として最も代表的とされるWechsler式知能検査の児童用知能検査です．全体的な知能を表す全検査IQの他に言語理解，知覚推理，ワーキングメモリ，処理速度の4つの指標が得られます．

（2）DN-CAS（Das-Naglieri Cognitive Assessment System）認知評価システム

ソビエト連邦の心理学者Luriaの神経心理学に関する研究とPASS認知処理理論に基づいて作成された知能検査の一つで，障害をもった子どもたちの認知機能を評価する検査として，Wechsler式知能検査とも強い相関をもちます．4つの下位尺度〔プランニング（planning：P），注意（attention：A），同時処理（simultaneous：S），継次処理（successive：S）：PASS〕のそれぞれの値と全検査値が求められ，Wechsler式知能検査と同様に，平均が100で1標準偏差が15となっていてわかりやすい検査です．またWechsler式知能検査と比較して人種による差も少なく，繰り返しによる学習効果の少ない検査とされています．

（3）レーヴン色彩マトリックス検査

推理能力を測定する非言語性検査で，知能検査との相関も高く，所要時間も10分程度であり，簡易に知的機能を評価するのに役立ちます．日本版は45歳以上しか標準化されていませんが，解説書の付録には海外児童598名の5歳半～11歳半までの50%通過率が掲載されており，また集団検査も可能なので，スクリーニング検査としても有用と思われます．

**2）記憶検査**

（1）WMS-R（Wechsler Memory Scale-Revised）

Wechsler 式の記憶検査で，13 の下位検査から成り，言語性記憶，視覚性記憶，一般的記憶，注意・集中力，遅延再生といった記憶力を検査します．

（2）リバーミード行動記憶検査

日常生活に類似した記憶力を検査します．本来は認知症や脳損傷患者を対象とした検査ですが，忘れ物の多い子どもの評価にも有用です．人の顔と名前を覚える，一度みた顔写真を後で思い出させる，一度した約束を 20 分後に行わせる，部屋の中で道順と用件を覚える等，より実情に近い記憶力を把握することが可能です．

（3）RAVLT（Rey Auditory Verbal Learning Test）

言語性素材の学習能力を評価します．お互いに関連のない 15 個の単語を順に読み上げ，その直後に覚えているすべての単語を再生してもらいます．順番は問いません．同一の単語で 5 回繰り返し，再生できた合計正答数を得点とします．

（4）ベントン視覚記銘検査

視覚記銘力を検査します．10 枚の簡単な図版を覚えて再生します．同様の 3 セットから成りますので，学習効果がなく再検査もできます．

**3）注意検査**

（1）標準注意検査法（Clinical Assessment for Attention：CAT）

7 つの検査〔Span，抹消・検出課題，SDMT（Symbol Digit Modalities Test），記憶更新検査，PASAT（Paced Auditory Serial Addition Test），上中下検査，CPT（Continuous Performance Test）〕から成る注意検査で，この検査で短期記憶，選択性注意，分配性注意・注意の変換，注意による認知機能の制御，持続的注意が評価されます．

**4）視覚認知検査**

（1）フロスティッグ視知覚発達検査

小学校低学年までの子どもの視知覚の発達検査で，「視覚と運動の協応」，「図形と素地」，「形の恒常性」，「空間における位置」，「空間関係」の 5 つから成り，それぞれの知覚年齢（perceptual age：PA）やトータルの知覚指数（perception quotient：PQ）が算出されます．

（2）ベンダー・ゲシュタルト・テスト

9 つの図形を 1 枚の紙に模写します．

（3）レイ複雑図形検査

言語的に表現しにくい複雑な 1 枚の図形を模写させ，またさらに直後に再生，20〜30 分後に遅延再生させる課題です．採点基準はいくつか作成されていますが，BQSS（Boston Qualitative Scoring System）がお勧めです．

### 5）実行機能検査

（1）実行機能障害症候群の行動評価日本語版（Behavioural Assessment of the Dysexecutive Syndrome：BADS）

実行機能障害によって生じる日常生活上の問題を予測するための検査バッテリーです．実行機能は，知覚，記憶，言語等の認知機能をコントロールする脳の上位機能で，具体的には，①目標を決め，②それを実現するための計画を立て，③計画を実際に行い，④監視や修正をしながら効果的に計画を遂行する機能です．検査は，規則変換カード検査，行為計画検査，鍵探し検査，時間判断検査，動物園地図検査，修正 6 要素検査の 6 つの下位検査から構成されており，平均 100，1 標準偏差 15 で標準化されています．下位検査の内容も，目の前にある長い円筒状の透明な筒の底にあるコルクを取り出すといった課題や，ある一定のルールのもと 10 分間に 6 つの課題を効率よくこなすといった実生活や仕事で必要とされる実行機能を直接観察でき，障害の程度を具体的に理解しやすいものとなっています．概して知能検査の結果と一致しますが，時には知能検査で問題がなくとも BADS の得点が著しく低く出ることもあり，高次脳機能障害や自閉スペクトラム症等，特異な症状の検出にも有用なこともあります．

（2）ウィスコンシンカード分類検査

前頭葉機能の評価によく使用される検査で，達成カテゴリ数（categories achived：CA），ネルソン型の保続性の誤り（perseverative errors of Nelson：PEN），セットの維持困難（difficulties of maintaining set：DMS）が評価値として得られます．しかしそれぞれの値が具体的にどのような症状と結びつくのかがわかりにくく，またこれらの検査値が正常でも明らかに実行機能が障害されている例も報告されているようです．

（3）ハノイの塔

1 本の棒に串刺しになった数枚の円盤を他の 2 本の棒に，あるルール（移動できるのは 1 回につき 1 枚，小さい円盤の上には大きい円盤を載せることはできない）のもと，最小の回数で移動させる課題です．3 枚の円盤なら 7 回，4 枚なら 15 回と決まっていますが，移動させる前に計画を立て，実行し，フィードバックするといった一連の作業が必要となります．

# 第5章

# 効果検証

第１章でもご説明しましたように，コグトレは私が医療少年院で行っていた認知機能強化トレーニングがベースとなっています．ここでは，その認知機能強化トレーニングの効果についてご紹介します．以下は知的障害や発達障害をもった非行少年たちが収容されている某少年矯正施設で行った研究です．前章で概説したアセスメント方法のうち，主にDN-CAS 認知評価システムを使って，対象群，コントロール群を設け，トレーニング前後，およびトレーニング終了３カ月後で比較し，効果検証を行いました．

## 1　対象

IQ：85 以下の中学生・高校生に該当する年齢の子どもたち 24 名（平均年齢：15.4 歳±1.4，平均 IQ：66.0±12.6）を選びました．

## 2　介入方法

24 名のうち 12 名をトレーニングを受ける群（対象群），12 名をトレーニングを受けない群（コントロール群）としてランダムに分け，対象群 12 名に対しグループトレーニングと個別トレーニング，コグトレでいうところの G セッションと I セッションを並行して4 カ月間行いました．

グループトレーニングでは，視覚記憶，聴覚記憶，処理速度の向上を目的とした課題を原則１回約 80 分，週２回実施しました．個別トレーニングは週 3〜4 日，１日１時間程度，個別課題に取り組ませました．効果の測定にはトレーニングの前後とトレーニング終了３カ月後の計３回において，DN-CAS 認知評価システム，レーヴン色彩マトリックス検査，ワーキングメモリ検査（数唱，視空間記憶）を使用しました．

## 3　結果

トレーニング終了３カ月後に在籍していた 19 名（対象群 10 名，コントロール群９名）を結果の対象としました．トレーニング前では両群の間ですべての検査項目において有意差はありませんでした（all $p>0.140$）．対象群のトレーニング平均参加率は 89.8%でした．対象群ではすべての検査項目で有意な上昇が得られ，またその効果は３カ月後も持続していました（all $p<0.270$，all effect size>0.404）．一方，コントロール群には有意な変化はみられませんでした（図 1[1)]）．

## 4　考察

トレーニングにより DN-CAS 認知評価システムをはじめ，他の認知機能検査でも有意な上昇が認められ，３カ月後もその効果が持続していました．特にプランニング（planning）や注意（attention），同時処理（simultaneous），レーヴン色彩マトリックス検査では大きな改善がみられました．

プランニングは問題を解決する際に必要な，計画の決定，選択，実行，評価を含んだ一連の流れです．これにはコグトレの「想像する」トレーニングの効果があったと考えられ

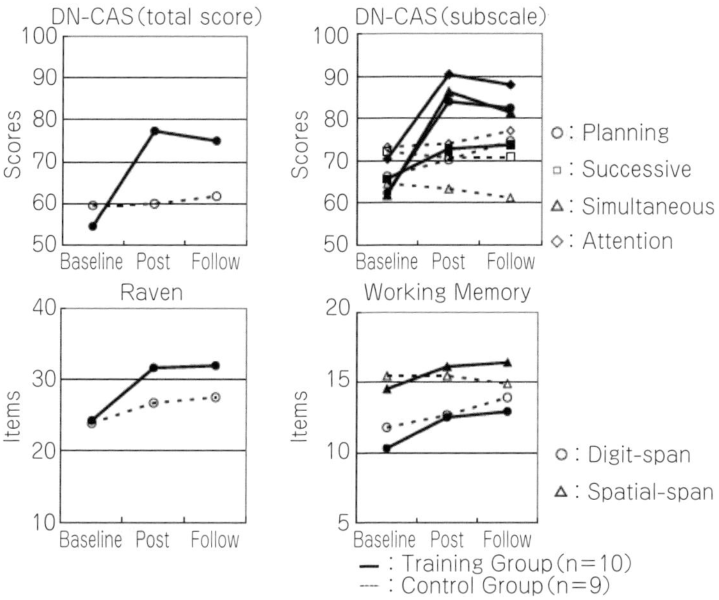


図 1　認知機能強化トレーニングの結果（文献 1 より許可を得て転載）

DN-CAS 検査（下位項目を含む），レーヴン色彩マトリックス検査，ワーキングメモリ検査のすべての項目で対象群のみ向上．Training Group：対象群，Control Group：コントロール群，Baseline：トレーニング前，Post：トレーニング直後，Follow：トレーニング終了 3 カ月後．結果は Follow 時まで在院していた少年 19 名（対象群：10 名，コントロール群：9 名）について示した．

ます．また同時処理は物事の全体をとらえ，共通点，相違点を見つける等，空間的に処理する働きをしますが，同じく「写す」，「見つける」，「想像する」トレーニングの効果があったと思われます．さらに，推理能力の向上には「想像する」トレーニングが効果を発揮し，認知機能の土台でもあり，多くの情報の中から必要な情報を選択したり，不要な情報を無視したりする働きがある注意の向上には「数える」トレーニングが効果的だったと考えられます．それだけでなく，「覚える」トレーニングはワーキングメモリの向上にも有効であることが示されました．ワーキングメモリは現在，学習能力との関係が特に注目されておりますので，今後教育現場において「覚える」トレーニングを単発で行うことも有用ではないでしょうか．

質的な変化としてトレーニング前と比べて立体図模写や自画像の表現力も著しく向上しました（図 2，3）．物体を把握して立体図をしっかり描けるようになり，また自己の身体を適切にみる力もついたことで自画像すら変化したのだと思われます．これらは子どもたちにとっても明らかな実感として得られるものです．

これらの結果から知的機能に問題をもった子どもたちに対して，コグトレによって認知機能が向上する可能性が示されました．今回の対象群の年齢は中高生年齢と比較的高かったのですが，より年齢の低い幼児～小学生年齢ですと，脳の可塑性に富んでいるので，一

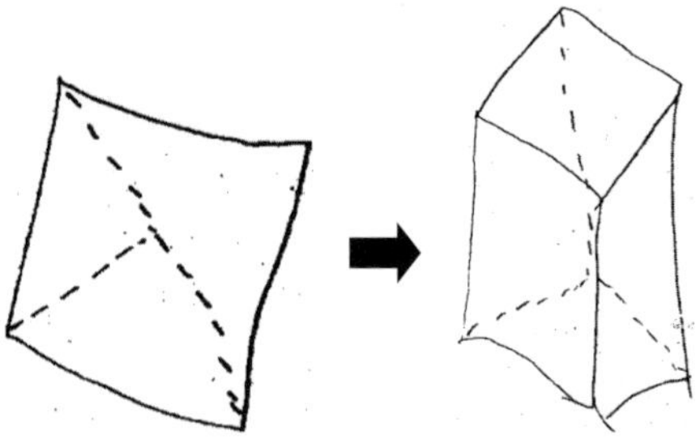

図２　立体図模写の変化の例

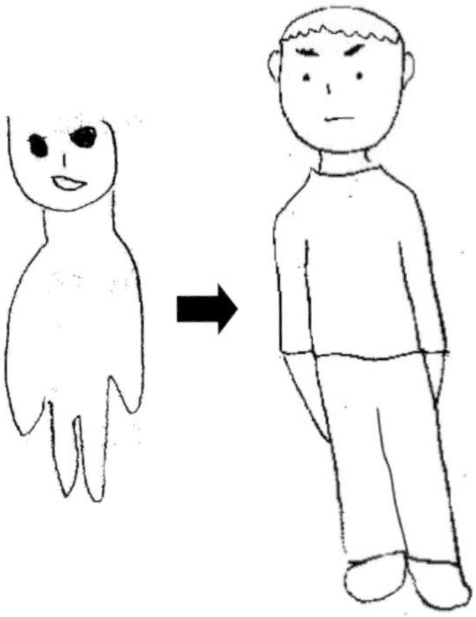

図３　自己像の変化の例

層の効果が期待できそうです．また今後は認知症患者や統合失調症患者，高次脳機能障害等へのリハビリテーショントレーニングの可能性についても検討していきたいと思います．

●文献

1）Miyaguchi K, et al：Cognitive training for delinquents within a residential service in Japan. Chil Youth Serve Rev　**34**：1762-1768, 2012

# 付録CDについて/解答

# 1 付録 CD について

**1. ご利用上の注意**

・本製品は CD-ROM です．CD-ROM 対応以外の機器では再生をしないようにご注意ください．再生方法については，各パソコンや再生ソフトのメーカーにお問い合わせください．

・ハードウェア，ソフトウェア環境等により正常に再生できないことがあります．この場合は各メーカーにお問い合わせください．

・PDF ファイルをご覧いただくには，Adobe Systems 社の Adobe Reader（無償）が必要になります．（Adobe® Reader® は Adobe Systems 社の米国およびその他の国における登録商標です）

**2. 権利関係**

・本 CD に収載されているトレーニングシートの著作権は，著作者ならびに株式会社三輪書店に帰属します．無断での転載，改変はこれを禁じます．

構成・編集：宮口幸治
執 筆 協 力：山影　薫，三木香予
イ ラ ス ト：出原由美子

## 2 付録 CD 収載データの構成

「コグトレ」は，本書を参照しつつ，付録 CD に収載されたトレーニングを行うことで進めていきます．本書の付録 CD には，「覚える」，「数える」，「写す」，「見つける」，「想像する」の各課題シート・解答記入シート，また問題によってはその解答が収載されています．内訳は，以下の通りです．

### 覚える（498 枚：課題シート 390 枚，解答記入シート 108 枚）

1．視覚性の短期記憶

図形記憶

1）何があった？①〜⑫　60 枚（①〜⑫各 5 枚）

位置記憶

1）数字はどこ？　24 枚（課題シート 20 枚，解答記入シート 4 枚）

2）文字はどこ？　24 枚（課題シート 20 枚，解答記入シート 4 枚）

3）数字と文字はどこ？　24 枚（課題シート 20 枚，解答記入シート 4 枚）

4）記号はどこ？　24 枚（課題シート 20 枚，解答記入シート 4 枚）

5）○はどこ？①〜④　94 枚（課題シート①，②共通 16 枚，③16 枚，④52 枚，解答記入シート①〜③各 2 枚，④ 4 枚）

6）アレはどこ？①〜③　96 枚(課題シート①〜③各 30 枚，解答記入シート①〜③各 2 枚)

2．聴覚性の短期記憶と文章理解

1）最初とポン①〜③　60 枚(課題シート①〜③各 10 枚，解答記入シート①〜③各 10 枚)

2）最後とポン①〜③　60 枚(課題シート①〜③各 10 枚，解答記入シート①〜③各 10 枚)

3）何が一番？①，②　16 枚（課題シート①，②各 4 枚，解答記入シート①，②各 4 枚)

4）何が何番？①，②　16 枚（課題シート①，②各 4 枚，解答記入シート①，②各 4 枚)

### 数える（110 枚：課題シート 80 枚，解答 30 枚）

1）まとめる　10 枚

2）記号さがし①〜④　40 枚（①〜④各 10 枚）

3）あいう算　20 枚（課題シート 10 枚，解答 10 枚）

4）さがし算①，②　40 枚（課題シート①，②各 10 枚，解答①，②各 10 枚）

### 写す（205 枚：課題シート 140 枚，解答 65 枚）

1）点つなぎ①〜③　60 枚（①〜③各 20 枚）

2）曲線つなぎ①〜③　15 枚（①〜③各 5 枚）

3）折り合わせ図形①〜③　30 枚（課題シート①〜③各 5 枚，解答①〜③各 5 枚）

4）記号の変換①〜③　30 枚（課題シート①〜③各 5 枚，解答①〜③各 5 枚）

5）鏡映し　40 枚（課題シート 20 枚，解答 20 枚）
6）くるくる星座　30 枚（課題シート 15 枚，解答 15 枚）

見つける（160 枚：課題シート 90 枚，解答 70 枚）

1）黒ぬり図形　10 枚
2）重なり図形　20 枚（課題シート 10 枚，解答 10 枚）
3）回転パズル　30 枚（課題シート①，②各 10 枚，解答②のみ 10 枚）
4）形さがし　40 枚（課題シート 20 枚，解答 20 枚）
5）違いはどこ？　40 枚（課題シート 20 枚，解答 20 枚）
6）同じ絵はどれ？　20 枚（課題シート 10 枚，解答 10 枚）

想像する（160 枚：課題シート 110 枚，解答 50 枚）

1）スタンプ①，②　30 枚（①20 枚，②10 枚）
2）穴の位置①，②　20 枚（①，②各 10 枚）
3）心で回転①，②　60 枚（課題シート①20 枚，②10 枚，解答①20 枚，②10 枚）
4）順位決定戦①，②　40 枚（課題シート①，②各 10 枚，解答①，②各 10 枚）
5）物語つくり　10 枚

各シートはすべて A4 サイズの PDF 形式で保存されています．Adobe Reader®がインストールされたお手持ちのパソコンからデータを開き，必要なものを適宜印刷のうえご使用ください．

## 3 解　答

一部の問題は解答が CD に PDF データで納められています．それらの問題については，パソコンで確認されるか，課題シートと一緒にプリントアウトしてお使いください．また，「何があった？」等，問題の形式上，解答のないものもあります．

### 覚える

※「何があった？」，「数字はどこ？」，「文字はどこ？」，「数字と文字はどこ？」，「記号はどこ？」，「○はどこ？」，「アレはどこ？」，「最初とポン」，「最後とポン」は解答はありません．

**何が一番？①**

1）①ゾウさん，②たろう君，③白組，④ゴリラさん，⑤キツネさん，⑥電気屋さん
2）①黄色，②キャベツ，③チューリップ，④タヌキさん，⑤緑色，⑥タヌキさん
3）①三角，②絵本，③ハトさん，④イヌさん，⑤チョコレート，⑥ピザ
4）①お兄ちゃん，②イヌさん，③ウサギさん，④社会，⑤白色，⑥船

**何が一番？②**

1）①イヌさん，②ひろし君，③白色，④黄組，⑤ゆみちゃん，⑥ゆうた君
2）①黒色，②混んでいる道，③ゆうき君，④赤色の手袋，⑤桜，⑥オレンジ色
3）①サクランボの三角のケーキ，②イヌさん，③レタス，④妹，⑤長方形，⑥あやちゃん
4）①今日，②本屋さん，③砂の道，④リスさんでカスタネット，⑤黄色，⑥妹

**何が何番？①**

1）①黒色，②あいちゃん，③ブランコ，④赤い服を着た男の人，⑤二番目，⑥薬局
2）①赤色，②2 年生，③ゆみこさん，④たかし君の青いコマ，⑤二番目，⑥ユリ組のあいちゃん
3）①火曜日，②二番目，③三番目，④お母さん，⑤理科室，⑥奈良
4）①緑色で二番目，②青色，③ライオン，④ゆうた君，⑤たかし君，⑥2 年生

**何が何番？②**

1）①イチゴ，②オレンジ，③3 日目，④国語，⑤赤色のツル，⑥8 人
2）①正方形，②10 両編成の銀色の電車，③2 階，④砂糖，⑤正方形，⑥大きい花瓶
3）①6 階，②リスさん，③5 番目，④アンパン，⑤7 人，⑥お兄さんでお父さんの手伝い
4）①100 円，②とし君，③ジェットコースター，④黄色，⑤お姉さん，⑥ゆうき君

## 数える

### まとめる

1) ○：16，☆：81
2) ○：15，☆：78
3) ○：16，☆：83
4) ○：16，☆：82
5) ○：16，☆：84
6) ○：13，☆：80
7) ○：12，☆：77
8) ○：14，☆：84
9) ○：13，☆：81
10) ○：14，☆：84

### 記号さがし①

1) 54，2) 57，3) 54，4) 55，5) 55，6) 54，7) 55，8) 54，9) 54，10) 55

### 記号さがし②

1) 36，2) 37，3) 38，4) 37，5) 35，6) 37，7) 34，8) 34，9) 34，10) 35

### 記号さがし③

1) 28，2) 30，3) 29，4) 31，5) 32，6) 29，7) 30，8) 30，9) 30，10) 30

### 記号さがし④

1) 黒：33，白：31
2) 黒：36，白：26
3) 黒：34，白：27
4) 黒：37，白：24
5) 黒：38，白：25
6) 黒：36，白：26
7) 黒：37，白：22
8) 黒：28，白：29
9) 黒：38，白：25
10) 黒：42，白：21

### あいう算

解答は CD の中です．

### さがし算

解答は CD の中です．

## 写す

※「点つなぎ」，「曲線つなぎ」は解答はありません．

### 折り合わせ図形

解答は CD の中です．

### 記号の変換

解答は CD の中です．

### 鏡映し

解答は CD の中です．

### くるくる星座

解答は CD の中です．

## 見つける

### 黒ぬり図形

1）①5，②12，③11，④6，⑤3
2）①15，②6，③13，④2，⑤4
3）①3，②14，③12，④2，⑤5
4）①9，②13，③2，④4，⑤6
5）①10，②12，③14，④1，⑤5
6）①6，②13，③5，④2，⑤4
7）①5，②8，③6，④9，⑤7
8）①14，②9，③11，④1，⑤5
9）①8，②6，③13，④2，⑤4
10）①6，②14，③2，④4，⑤9

### 重なり図形

解答は CD の中です．

### 回転パズル①

1）A：12，B：5，C：4
2）A：7，B：10，C：4
3）A：3，B：12，C：10

4) A：9，B：7，C：1
5) A：8，B：5，C：10
6) A：11，B：6，C：5
7) A：4，B：8，C：11
8) A：6，B：4，C：10
9) A：6，B：3，C：10
10) A：11，B：10，C：4

**回転パズル②**

1) ①：F，②：A，③：C，④：D，⑤：E
2) ①：D，②：F，③：C，④：B，⑤：A
3) ①：D，②：F，③：A，④：B，⑤：C
4) ①：D，②：A，③：F，④：B，⑤：C
5) ①：D，②：F，③：B，④：A，⑤：E
6) ①：E，②：F，③：B，④：A，⑤：C
7) ①：F，②：D，③：E，④：B，⑤：A
8) ①：D，②：E，③：A，④：F，⑤：C
9) ①：F，②：A，③：B，④：C，⑤：D
10) ①：C，②：E，③：A，④：F，⑤：D

※回転パズル②は CD の中にも解答があります．

**形さがし**

解答は CD の中です．

**違いはどこ？**

解答は CD の中です．

**同じ絵はどれ？**

1) ④と⑦
2) ①と⑧
3) ⑤と⑩
4) ①と⑤
5) ①と⑨
6) ⑥と⑦
7) ②と④
8) ⑤と⑧
9) ③と⑥

10）④と⑥
※CD の中にも解答があります．

## 想像する

**スタンプ①**

1）A：2，B：4
2）A：1，B：4
3）A：2，B：3
4）A：3，B：1
5）A：2，B：4
6）A：2，B：1
7）A：4，B：2
8）A：1，B：3
9）A：4，B：2
10）A：2，B：4
11）A：2，B：3
12）A：3，B：1
13）A：3，B：1
14）A：4，B：3
15）A：2，B：3
16）A：2，B：3
17）A：1，B：4
18）A：2，B：4
19）A：3，B：4
20）A：4，B：1

**スタンプ②**

1）A：7，B：4，C：1
2）A：6，B：8，C：4
3）A：8，B：6，C：1
4）A：8，B：5，C：6
5）A：9，B：6，C：8
6）A：5，B：7，C：8
7）A：4，B：7，C：1
8）A：5，B：9，C：8
9）A：4，B：9，C：7
10）A：9，B：4，C：8

**穴の位置①**

1）A：8，B：4，C：9
2）A：5，B：9，C：4
3）A：2，B：9，C：7
4）A：4，B：7，C：2
5）A：9，B：8，C：3
6）A：3，B：6，C：4
7）A：8，B：4，C：3
8）A：6，B：9，C：7
9）A：9，B：5，C：4
10）A：9，B：6，C：2

**穴の位置②**

1）A：9，B：5，C：7
2）A：8，B：4，C：2
3）A：6，B：8，C：4
4）A：3，B：5，C：1
5）A：8，B：9，C：6
6）A：7，B：9，C：8
7）A：1，B：5，C：4
8）A：5，B：4，C：6
9）A：7，B：5，C：2
10）A：2，B：5，C：8

**心で回転①**

解答は CD の中です．

**心で回転②**

解答は CD の中です．

**順位決定戦①**

解答は CD の中です．

**順位決定戦②**

解答は CD の中です．

**物語つくり**

1）③　①　④　⑤　②
「③（明日は遠足なのに，外は雨が降っています），①（そこで，てるてる坊主をつくることにしました），④（晴れますようにとお願いして，その日はねむりにつきました），

⑤（てるてる坊主のおかげでしょうか，朝，起きるとよく晴れていました），②（さあ，楽しい遠足です）」

2) ⑤　②　①　③　④
「⑤（お母さんが妊娠しています），②（弟が産まれました），①（弟がなんとかつかまり立ちができるようになり，お兄ちゃんは驚いています），③（弟の 2 歳の誕生日をお兄ちゃんの膝の上で祝っています），④（3 歳になりました．お兄ちゃんについて一緒にお出かけです）」

3) ⑤　④　①　⑥　③　②
「⑤（ヒマワリの種を植えました），④（水をやっています），①（やっと芽が出ました），⑥（少しずつ大きくなってきましたがまだ花は咲いていません），③（やっと花が咲きました．花は窓の下までの高さです），②（さらに大きくなり花は窓の真ん中くらいになりました）」

4) ⑥　④　③　②　⑤　①
「⑥（お母さんが毛糸を買ってきました），④（何かを編んでいます．窓の外からおじさんがのぞいています），③（おじさんは毛糸の帽子やマフラーを編んでいるのかと想像しています），②（夜遅くまで編んで何か大きなものができてきています．毛糸も少なくなってきました），⑤（5 つの袋のある大きなものができました．おじさんはこれは何か分からないようです），①（子どもたちの寝袋だったようです）」

5) ⑤　①　②　⑥　⑧　③　⑦　④
「⑤（女性がどこかの景色をスケッチしようと探しています），①（スケッチしたい場所を見つけました），②（スケッチしています），⑥（絵筆を取り出し色を塗ろうとしています），⑧（うまく完成したようです．しかし隣でネコが喧嘩を始めました），③（ネコの喧嘩に巻き込まれてしまいました），⑦（絵を見てみるとネコにひっかき傷や足跡をつけられ，女性はショックを受けています），④（でもその絵をコンクールに出したら絶賛され賞を取りました）」

6) ⑧　③　⑦　②　⑤　①　④　⑥
「⑧（お母さんが夫と息子が待っていると思い，急いで帰ってきました），③（しかし廊下には服を脱いだあとがあり，お母さんは何かあったのかと驚いています），⑦（部屋に入ってみると他の服も脱ぎ捨てられていました），②（脱ぎ捨てられた服を集めていると何かに気づきました），⑤（予想したとおり風呂場から声が聞こえます．お母さんは，“さては風呂場で遊んでいるのでは”と思い怒っています），①（お母さんが叱ろうと思い風呂場のドアを開けました．すると風呂の水がお母さんの頭からかかりました），④

解答

（お母さんはびしょ濡れになり，夫と息子は“しまった”と思っています）⑥（お母さんに言われて夫と息子は風呂掃除と洗濯をさせられています）」

7）⑨　②　⑧　⑥　⑤　⑦　⑩　④　③　①
「⑨（妹がお兄さんに一緒に砂遊びしようと誘っていますが，お兄さんは友だちとサッカーがしたいので断っています），②（お兄さんがサッカーをしているのを見て妹は悲しそうです），⑧（でも妹は友だちと一緒に砂でお城をつくることにしました），⑥（砂のお城がうまくでき上がったようです），⑤（しかしそこにお兄さんたちの遊んでいたサッカーボールが飛んできてお城を壊してしまいました），⑦（壊れたお城をみて妹たちは唖然としています），⑩（妹たちが泣き出したのでお兄さんは慰めています），④（お兄さんと友だちはどうしようかと相談しています），③（妹たちに一緒に砂で遊ぶことを提案しています），①（一緒にもっと大きなお城をつくりました）」

8）⑧　④　⑩　⑥　⑨　①　⑦　③　②　⑤
「⑧（家族４人で水族館に行きました），④（４人で魚を見ています），⑩（次に４人でイルカショーに行きました），⑥（４人でイルカショーを見ています），⑨（昼になったので男の子がお腹を押さえてお母さんにお腹が空いたと伝えています），①（４人でお昼ご飯を食べています），⑦（お腹いっぱいになったお父さんはお腹をさすっています．お母さんは何かを夢中に見ています），③（お父さんとお母さんがふと気がつくと，子どもたちの姿が見えません．２人は慌てています．お父さんは声を出して子どもの名前を呼んでいます），②（すると館内放送で迷子のお知らせが流れました．内容は，お父さんお母さんの着ている服の特徴でした），⑤（館内案内所で子どもたちが待っていました．迷子になっていたのは実はお父さん，お母さんで，子どもたちのほうが探していたのでした）」

9）⑤　④　⑫　②　⑥　⑧　⑩　①　⑪　⑦　③　⑨
「⑤（お母さんが風邪をひいて寝ています．子どもに薬を買ってきて，と頼んでいます），④（子どもは薬を買いに出かけました），⑫（薬屋さんに近づいてきました），②（薬屋さんで店員さんにお母さんから頼まれた薬を伝えています），⑥（店員さんは薬は食事の後に飲むように伝えています），⑧（子どもは薬を買って家に戻っていきます），⑩（帰り道で友だちに野球に誘われましたが断っています），①（途中でお花を摘みました），⑪（家に帰ってお母さんに薬を渡しました．手には摘んだ花を持っています）⑦（お母さんに食事をつくってあげました．また薬も置いてあります），③（お母さんはご飯を食べ，薬を飲んで，夜，ゆっくりと寝ました），⑨（翌朝起きると，お母さんの風邪はすっかりよくなっていました）」

10) ⑫ ⑤ ⑥ ⑩ ⑨ ③ ④ ⑦ ⑪ ② ① ⑧
「⑫（少年がおじいさんから浦島太郎の話を聞きます），⑤（それは海の底に美女のお姫様のいる竜宮城があるという話でした），⑥（竜宮城にはカメの背に乗って行ったという話だったので，少年はカメを探しています），⑩（そして海辺で昼寝をしているカメを見つけます），⑨（少年はカメに竜宮城に連れていってくれと頼みます），③（でもカメは断ります），④（そこで泣いてカメに頼みこみます），⑦（カメは仕方なく竜宮城への地図を渡し，少年は地図をもって海に潜りました），⑪（海の底に竜宮城を見つけます），②（頑張って泳いでいきます），①（竜宮城についてお姫様を見つけました），⑧（振り向いたお姫様はすでに歳を取っていておばあさんになっていました）」

著者略歴

・**宮口幸治**（みやぐち・こうじ）

立命館大学産業社会学部・大学院人間科学研究科教授．医学博士，日本精神神経学会専門医，子どものこころ専門医，臨床心理士，公認心理師．京都大学工学部卒業，建設コンサルタント会社勤務の後，神戸大学医学部医学科卒業．大阪府立精神医療センターなどを勤務の後，法務省宮川医療少年院，交野女子学院医務課長を経て，2016 年より現職．児童精神科医として，困っている子どもたちの支援を教育・医療・心理・福祉の観点で行う「コグトレ研究会」を主宰し，全国で教員向けに研修を行っている．

著書に『性の問題行動をもつ子どものためのワークブック』『教室の困っている発達障害をもつ子どもの理解と認知的アプローチ』『教室の「困っている子ども」を支える７つの手がかり』（以上，明石書店），『不器用な子どもたちへの認知作業トレーニング』『やさしいコグトレ 認知機能強化トレーニング』(以上，三輪書店)，『1 日５分！ 教室で使えるコグトレ 困っている子どもを支援する認知トレーニング 122』『もっとコグトレ さがし算 60（初級・中級・上級)』『1 日 ５ 分 教室で使える漢字コグトレ（小学 1～6 年生)』『学校でできる！ 性の問題行動へのケア』（以上，東洋館出版社)，『ケーキの切れない非行少年たち』（新潮社）等



**コグトレ**

**みる・きく・想像《そうぞう》するための認知機能強化《にんちきのうきょうか》トレーニング**

---

発　行　2015 年 3 月 10 日　第 1 版第 1 刷
　　　　2020 年 1 月 10 日　第 1 版第 7 刷Ⓒ

著　者　宮口幸治《みやぐちこうじ》

発行者　青山　智

発行所　株式会社 三輪書店
　　　　〒 113-0033 東京都文京区本郷 6-17-9　本郷綱ビル
　　　　☎ 03-3816-7796　FAX 03-3816-7756
　　　　http://www.miwapubl.com

印刷所　三報社印刷 株式会社

---





ISBN 978-4-89590-506-0　C 3037